武藤章

昭和陸軍最後の戦略家

川田 稔

文春新書

1417

武藤章　昭和陸軍最後の戦略家

◎目次

はじめに

武藤章は、東京裁判でA級戦犯として死刑判決をうけた軍人として知られている。彼は対米開戦時の陸軍省軍務局長で、開戦に至る国策決定において重要な役割を果たした。満州事変（一九三一年）以降、日本は陸軍がリードするかたちで国策を進めていくようになる。そして、一九三五年（昭和一〇年）頃から、その陸軍で主導権を握ったのが、いわゆる統制派だった。武藤はその統制派における理論的中心人物だった。欧州大戦開始まもなく東条英機が陸軍大臣となるが、陸軍では政治的、軍事的な戦略構想においては武藤が主導していた。

昭和陸軍における「戦略家」として著名な存在といえば、総力戦の時代に対応した国家体制の整備と中国大陸への進出を主導した永田鉄山や、満州事変を仕掛け、『最終戦争論』などの著作でも知られる石原莞爾《かんじ》が挙げられる。彼らに次ぐ世代で、陸軍の戦略を担ったのが武藤であった。

さらに武藤の興味深いところは、日中戦争では戦局の拡大を強く主張し、日独伊三国同盟の成立、南北仏印進駐などの決定に深く関与する一方で、アメリカとの戦争には反対し続けたことだ。

一般的な理解では、日本は対中戦争の解決が困難になったために、南方に進出、対米戦争に向かった、とされてきた。それでは武藤の戦略や行動は、単に矛盾したもの、苦しまぎれの変節としか思えない。しかし、彼の軌跡を丹念に追っていくと、そこには一貫した論理が見えてくる。

武藤は、陸軍きっての戦略家であった永田鉄山の後継者として、世界大戦を予期し、それに備えるべく国防国家の実現を自らの使命とした。日中戦争への傾斜も、対米戦回避への努力も、武藤のなかでは矛盾したものではなかった。

日本を中国大陸での戦争に導きながら、アメリカとの戦争を避けるために尽力し、その努力も潰えて日米戦争が開始されると、陸軍中央から戦闘の最前線に送られる。そして最後には極東国際軍事裁判でA級戦犯となり、最年少で死刑判決を受けた――。本書は、昭和日本の抱えた困難を象徴する人物として、武藤の思考と行動をたどっていきたい。

一九三八年（昭和一三年）一月、陸軍のシンクタンク的存在だった民間団体「国策研究会」の常任理事、矢次一夫は、上海に滞在していた武藤を訪ねた。当時、武藤は中支那方面軍参謀副長（大佐）だった。

そこに、二枚の色紙があり、二人の似顔絵に、それぞれ添え書きがしてあった。矢次が武藤にその由来を聞くと、次のような次第だった。

〈［ある漫画家が］司令部を訪ねたとき、たまたま塚田［攻《おさむ》］参謀長と武藤とが同席していたという。そこで塚田と武藤と二人の似顔を書いたそうだが、書き終わるやいなや、武藤が……筆をとって、塚田の似顔の横に、「頑迷不霊」［頑迷で無知な意］と書いた。塚田がこれを見て烈火のごとく怒り、それじゃ貴様は何だ、と卓を叩くのに、武藤は少しも騒がず、やおら自分の似顔の上に「傲慢不遜《ごうまんふそん》」と書いたので、さすがの塚田も呆気にとられ唖然としたという〉（矢次一夫『昭和動乱私史』上巻。以下、［］内は引用者註）

矢次は、これを聞き、つい失笑して、「傲慢不遜」とは自らを知るものだなと、武藤に伝えたとのことである。当時、武藤は陸軍内でその態度が傲慢にすぎると噂されていたからである。矢次は「武藤壮年時の一面」としてこれを書き残している。

また、敗戦後フィリピンのカランバン捕虜収容所で、フィリピン第一四方面軍参謀長（中将）だった武藤に接した作家、山本七平は、その時の印象を次のように記している。

〈昼食の時間が来た。閣下たち［将官］は三々五々、歩いてきた。だがその日には、いつもと違った一人の新顔が見えた。その人は、米軍のジャングル戦用迷彩服を着ており、それが奇妙によく似合った。彼は、あたかも収容所も鉄柵も軽蔑するかの如く傲然と見下し、それらの一切を無視するかの如く、堂々と歩いてくる。その態度は、終戦前の帝国軍人のそれと、寸分違わなかった。

丸い眼鏡、丸刈りの頭、ぐっとひいた顎、ちょっと突き出た、つっかかるような口許、体中にみなぎる一種の緊張感――「彼だな」私はすぐに気づいた。それは第十四方面軍参謀長武藤章中将その人であった。そして彼の姿と同時に、反射的に四つの言葉がよみがえってきた。「統帥権、臨時軍事費、軍の実力者、軍の名誉（日本の名誉ではない）」。軍部ファシズムをその実施面で支えたものは何かと問われれば、私はこの四つをあげる。そして私にとってこの四つを一身に具えた体現者は彼であった。〉（山本七平『一下級将校の見た帝国陸軍』）

山本は、武藤の第一印象をこう記し、さらに後年、かつて陸軍を取材していた老記者と語り合う。

〈すべてを剝奪されて、収容所に入れられても、他の将官とは全く違う、彼の持つ一種異様の威圧感。数年前、戦前長いあいだ陸軍省づめをしていた老記者に、この不思議な威圧感の話をしたところ、その人は深くうなずきながらさまざまな「武藤伝説」を語ってくれた。一佐官だった彼に威圧されて将官があわてて敬礼してしまったこと。彼の上級者が、私を退《く》役《び》にするのはこの男だろうと言ったこと等々から、一にらみで雀が落ちたとか、彼が歩けば自然に人が道をあけたとかいった他愛のないものまで——そのすべては、彼が、そのとき私が受けた印象通りの人物であることを物語っていた。そして、本当に意志決定を行うのは常に、こういうタイプの人物だったのである。〉（同右）

山本は同書で武藤、および武藤の体現する日本陸軍を厳しく批判しているが、次のような考察も書き留めている。

〈「いったいなぜ彼［武藤］は［捕虜収容所内でも］このような支配力をもちうるのであろうか」。……彼のもっていた異常な実力［支配力］の背後にあるものは……「生きながら死者の特権をもつ」という……基本的な姿勢……をそのまま持ちつづけていたからであろう。……［A級戦犯としての］処刑……を覚悟し「死を生きている」のであろう。したがって一切を無視しうる。……これがどれだけの力をもちうるかは、少なくとも武器を手にした経験のある人間には、説明不要のはずである。〉（同右）

この時、武藤はA級戦犯指名を受け日本本土に送られていたが、一時、第一四方面軍司令官山下奉文《ともゆき》の裁判の証人として、フィリピンに召喚されていた。

矢次と山本の描く武藤像、中国とフィリピン、この間の武藤に何があったのだろうか。そして太平洋戦争開戦に至る、武藤の戦略構想とその結末はどのようなものだったのだろうか。それを描いていきたい。

軍人志望から煩悶時代へ

さて、本文に入る前に、ここで武藤の略歴に簡単にふれておこう。

武藤は、一八九二年（明治二五年）一二月、熊本県上益城《かみましき》郡白水村（現菊陽郡菊陽町）に生まれた。父は武藤定治、母は加野、代々医師の家系で、藩医も務めていた。また武藤が生まれた頃は、中規模の農地を所有する地主でもあった。武藤自身は必ずしも軍人志望ではなく、文学書、思想書、哲学書、歴史書などを耽読していた。また剣道にも興味をもち、新陰流の「目録」をうけている。しかし、母親の強い希望で軍人を志望することとなった。

彼は、この頃の少年時代について、戦後に著した『比島から巣鴨へ』で「私の村は阿蘇火山から肥後平原に流れ出る白川の左岸で、熊本市から約二里半の田舎である。朝夕私は東方六里に白煙を上げる阿蘇山やこれに連なる嶽々《たけだけ》を眺め、平和な野や川に喜戯しながら育った」と回想している。

その後、武藤は、熊本の済々黌《せいせいこう》中学校に入り、念願の熊本陸軍幼年学校に入学、陸軍士官学校へと進んだ。ただ、幼年学校入学時の姓は、武藤ではなく井上となっている。これは、軍人の子弟の方が入試に有利だとの母親の判断から、従兄の井上喜伝陸軍大尉と養子縁組をさせられたためである。この井上姓は陸軍士官学校まで続けているが、卒業とともに武藤姓に戻っている。のちに「傲慢」とされた武藤も、生涯、母親には極めて従順だったようである。ただ、幼年学校時代、陸軍士官学校時代は、授業の内容に満足できず、様々な本を読みふけった。

士官学校卒業後、部隊勤務をへて陸軍大学校に進み、優秀な成績で卒業したものに贈られる「恩賜の軍刀」を得た。

武藤は、前出の『比島から巣鴨へ』で、自らの陸軍大学時代を次のように記している。

〈当時の私を回顧すると全く煩悶懊悩時代であった。第一次世界戦争の中頃から世界をあげて軍国主義打破、平和主義の横行、デモクラシー謳歌の最も華やかな時代であって、……我々軍人の軍服姿にさえ嫌悪の眼をむけ、甚《はなはだ》しきは露骨に電車や道路上で罵倒した。……物価は騰貴するも軍人の俸給は昔ながらであって、青年将校の東京生活はどん底であった。

書店の新刊書や新聞雑誌は、デモクラシー、平和主義、マルクス主義の横溢であった。鋭敏な神経をもつ青年将校で、煩悶せぬのはどうかしている。〉

そして、しばらくして、陸軍中央の教育総監部勤務となった。ちなみに当時の教育総監は、日露戦争を描いた司馬遼太郎『坂の上の雲』でも有名な秋山好古《よしふる》だった。

一方、私生活では、福岡出身の尾野実信《みのぶ》（陸軍中将）の長女初子と結婚している。尾野は当時、陸軍次官であり、武藤本人が意識していたかどうかは分からないが、その後の武藤の経歴にとっては、かなり有利に働いたようである。ただ、武藤夫妻には子供がなく、のちに初子の姪を養女にしている。

統制派の一員として

一九二三年（大正一二年）、教育総監部にいた武藤は、軍隊教育の観点から第一次世界大戦の研究のため、ドイツに派遣される。期間は二年半であった。当初はベルリンに滞在したが、日本人が多く、日本語使用が多くなるのを避けて、主にドレスデンに滞在している。

なお、ベルリン滞在中、前年からドイツに駐在していた三歳上の石原莞爾との交流が生じ、彼から日蓮宗の一派「国柱会」への入会を強く勧められるが、これは断っている。後述するように、これ以後、武藤と石原との関係は、思わぬ展開を見せることになる。

一九二六年（大正一五年）、帰国の途につくが、途中、アメリカに二ヵ月滞在する。

〈欧州文化を見た眼で米大陸に渡ると、一見その差異に驚く。米国には何にも古いものはない。すべて新しい。大袈裟である。すべてが動いている。近代文明の具体化である。……私の米国視察の価値報告は上司を動かしたと見え、その後欧州に留学する将校は、米国を一応視察するように定められた。〉（武藤章『比島から巣鴨へ』）

帰国後、武藤は一時体調を崩すが、まもなく回復し、陸軍大学専攻学生となる。ここで一年間、高度な戦略戦術の教育を受け、また「クラウゼヴィッツと孫子との比較研究」と題する論考を書き上げる。この論文は高い評価を受け、雑誌『偕行社記事』にも掲載された。

専攻学生の期間が終わり、武藤は内心、陸軍大学教官になることを希望していたが、それはかなわず、参謀本部勤務となった。以後の武藤の動きは次章以降で詳述するが、ここでは概略を示しておこう。参謀本部でのポストは当初、情報部（第二部）の欧米課でドイツ班員だった。ここで情報部長だった永田鉄山の部下となる。まもなく作戦部（第一部）作戦課に転じ兵站《へいたん》班長となる。そこで満州事変が起こる。一九三一年（昭和六年）九月のことである。このころ武藤は、関東軍の動きを支援する一夕会《いっせきかい》のメンバーとなっており、後述するように、満州での関東軍の動きをコントロールしようとしていた今村均作戦課長と対立する。

翌年、情報部にもどり、新設された総合班の責任者となる。総合班は欧米課など情報部各課が集めた情報を総合的に分析するための機関で、情報部長直属だった。

この総合班長の時に、武藤は、約三ヵ月をかけて、ソ連、ドイツ、フランス、イギリス、アメリカに、現状視察のために派遣されている。国際連盟脱退の直後だった。そのころ一夕会は、皇道派と統制派に分裂しており、武藤は統制派の一員とみなされていた。

その後、部隊所属となるが、一九三五年（昭和一〇年）三月、陸軍省軍務局の軍事課員となる。この年の八月、陸軍省内で永田鉄山が刺殺される事件が起きる。武藤はその現場に駆け付け、息も絶え絶えの永田を抱き起こし、慟哭《どうこく》したと伝えられる。翌一九三六年には二・二六事件が起こる。武藤は、決起将校から統制派の一人として狙われながら、軍事課高級課員（課長補佐相当）として、決起部隊の鎮圧にあたった。このときの武藤の働きを高く評価したのが石原莞爾だった。

事件後、武藤は、作戦課長の石原らと共に、寺内寿一《ひさいち》陸軍大臣候補を通じて、広田弘毅内閣の組閣に介入し、陸軍にとって都合の良い内閣を作らせようとした。また石原らと、広田首相に圧力をかけ、陸海軍大臣の現役武官制を復活させることに成功する。本格的に陸軍の政治工作に関わるようになったのである。だが、こののち、武藤は、日中戦争をめぐって、石原と対立し、彼を陸軍中央から放逐する。

さらに、第二次世界大戦が欧州で始まるや、陸軍省軍務局長となり、陸軍を牽引する存在となる。東条陸相も、太平洋戦争開戦時まで、大きな戦略については、基本的に武藤の考えを尊重していた。だが、開戦直後、武藤と東条の意見が対立。武藤は近衛師団長として、スマトラに派遣される。これ以後、陸軍中央に復帰することはなく、フィリピン・ルソン島で終戦を迎える。そして、東京裁判で死刑判決を受け、一九四八年（昭和二三年）一二月二三日、刑死する。A級戦犯では最年少の五六歳だった。

このような経歴の中で、歴史的にみて、武藤が最も重要な役割を果たすのは、太平洋戦争開戦へと至る軍務局長時代であり、彼自身にとって最も充実した時期だったのではないかと思われる。したがって本書では、軍務局長時代の武藤に焦点をあて、その前後の時代にもふれながら、彼の思想と行動を明らかにしていこうと思う。

第一章　満州事変から日中戦争まで

永田鉄山

一　満州事変と一夕会

太平洋戦争開戦過程だけでなく、武藤は、満州事変時から開戦までの昭和史において、軽視しえない役割をはたしている。まず、それを簡単にみておこう。

満州事変は、一九三一年（昭和六年）九月、石原莞爾、板垣征四郎ら関東軍主導で始まった。だが、陸軍中央においても、陸軍省の永田鉄山軍事課長、岡村寧次《やすじ》補任課長、参謀本部の東条英機編制動員課長、渡久雄欧米課長など一夕会メンバーが、「関東軍の活動を有利に展開させる」（「岡村寧次日記」防衛省防衛研究所所蔵）方向で動いていた。石原・板垣も一夕会員だった。武藤もまた一夕会に属していた。

一夕会は、永田、岡村らを中心に、その約二年前に結成された陸軍中央の中堅幕僚グループの非公然組織で、構成員は四〇名前後、陸士一四期から二五期にわたる（武藤は二五期）。したがって満州事変は、関東軍の石原・板垣らと陸軍中央の永田・岡村・東条らの一夕会系中堅幕僚グループの連携によるものといえた。

満州事変について、武藤の戦後の手記では、次のように淡々と記されている。

〈九月中旬に、満洲事変が勃発した。私は中村大尉事件、万宝山事件……など新聞で読み、満洲が緊迫した空気を醸している事は知ってはいたが、事変そのものは全く寝耳に水であった。〉（武藤章『比島から巣鴨へ』）

だが、参謀本部作戦課長だった今村均は、満州事変時の武藤について、戦後の回想で次のように述べている。当時、武藤は作戦課員で、今村は直属の上司だった。

〈「武藤章……も公々然と私に対抗したですね。……そしてむしろ石原莞爾に同調するようなことを絶えずやっておったですね」〉（『今村均政治談話録音速記録』）

今村は、事変当初は石原ら関東軍の行動を、やむをえないものと見ていた。だが、その後、関東軍が北満出兵や錦州攻撃を企図していることを知ると、国際的な配慮から批判的となり、その行動を抑制しようとした（今村は一夕会員ではなかった）。武藤はそのような今村に反抗して、石原ら関東軍の動きを支援していたのである。

このような武藤の姿勢は、彼が一夕会のメンバーだったこともあるが、じつは別の事情もうかがえる。

先に見た武藤の手記では、中村大尉事件を新聞で読んだと、さりげなく書かれているが、事件の新聞発表がなされた八月一七日当時、作戦課兵站班長だった武藤は中村大尉の直属の上司だったのである。

中村大尉事件とは、満州事変直前に、参謀本部作戦課員中村震太郎が、満州北西部で殺害された事件である。中村は、現地で軍用目的での地誌調査中だった。本来、満州でのこのような地誌調査は、参謀本部情報部の支那課兵要地誌班が担当すべき任務だった。だが、兵要地誌班の事情その他で、かわって作戦課兵站班の中村が派遣されることになったとされている。その経緯の詳細は判然としないが、このことが満州事変時に武藤が強硬姿勢を続けた一つの理由であったと思われる。

ただ、武藤が兵站班長となったのは八月一日付で、中村大尉の調査出張指示には直接関係していない。事態の詳細が判明する七月中旬から下旬には、武藤はまだ参謀本部情報部の欧米課ドイツ班員だった。

だが、すでに死亡が確認されていたとはいえ、中村大尉は職務上武藤の直属の部下であり、この事件は武藤にとって、部下を失うという重大な出来事であったにちがいない。

二　永田鉄山からの影響

その後、武藤は、参謀本部情報部の総合班長となり、そこで情報部長であった永田鉄山と緊密な関係となる。総合班は情報部長直属で、総合班長であった武藤は、この時期に情報部長の永田から直接強い影響を受けたと思われる。永田は、一夕会の理論的指導者であり、武藤は一夕会メンバーとして、それまでも当然その影響下にあったとみられる。なお、武藤は陸大卒業後、教育総監部第一課（軍隊教育担当）に勤務しており、同じく教育総監部第一課にいた永田と何らかの接触があっただろう。

この永田情報部長直属の総合班長として勤務したことが、その影響をさらに強め、いわゆる皇道派と統制派の対抗の中で、永田の腹心ともいえる関係となった。永田と武藤は、ともに藩医の家系で、このことも二人の接近に関係していると推測される（藩医の家系の職業軍人はそれほど多くなく、互いに知り合うことは稀なことだったといえる)。

永田の国家総動員体制構想

では、ここで、武藤が強い影響を受けた永田の構想を簡単にみておこう。

永田は第一次世界大戦の前後に六年間、ドイツおよびその周辺に駐在しており、ヨーロッパでの大戦を直接実見した。そして今後、先進国間で戦争が起きれば、再び世界大戦になり、日本も必ず巻き込まれると考えるようになる。また、次の大戦はドイツから起きる可能性が高く、さらに、次期大戦は不可避だとみていた。ベルサイユ条約で過酷な扱いを受けて不満を抱えているドイツは、いずれ復讐戦に乗り出すとの判断からだった。

永田のみるところ、第一次世界大戦から、戦車・航空機など機械による戦争となり、次の大戦では機械化兵器やその大量生産が重要になる。したがって、その機械化兵器生産のために国全体の工業生産力や技術力、労働力、資源、文化を総動員する国家総力戦となる。そうした戦争に巻き込まれる日本は、もてる国力を総動員する、いわゆる国家総動員体制をあらかじめ整えなくてはならない。

これらの点のうち、日本において最も問題になるのは必要資源の確保だった。永田は、国内で不足する資源を、満州、華北、華中の資源で補うべきだと考えた。つまり中国大陸の資源を確保すれば、資源の自給自足体制は整うと永田は主張した。

　また永田は、国家総動員体制を作り上げていくためには、少なくとも中央の陸軍幕僚軍人は、国防の見地から、政治に積極的にコミットしていくべきだと考えていた。国家総動員のため、関心を軍事のみならず、国家のあらゆる分野に広げる必要があり、各分野の知識を蓄積し、軍事以外の国家活動領域にも積極的に関与していかなければならないとする。従来の軍人の政治不関与の原則は、国家総力戦の時代には妥当性を欠き、むしろ軍人といえども政治にも積極的に関与していくべきだ。そう判断していたのである（川田稔編『永田鉄山軍事戦略論集』）。総力戦に対応するための資源の確保と、軍による政治へのコミットメント。これが永田の構想の基本だった。

　満州事変は、永田にとっては、不足資源を確保するため、満州での日本の足場を固め、中国での橋頭堡《きょうとうほ》を築く第一歩だった。

皇道派と統制派の対立

　さて、武藤が参謀本部情報部の総合班長だった時期に戻ろう。永田が情報部長であったこの時期に、一夕会が事実上分裂し、皇道派と統制派の対立が生じる。以後、武藤は永田を中心とする統制派グループに属することとなる。統制派には東条英機（のち陸相・首相）、冨永恭次

（のち陸軍次官）、池田純久（のち関東軍参謀副長）、真田穣一郎（のち軍務局長）、服部卓四郎（のち作戦課長）ら中堅少壮の中央幕僚が集まっていた。

この情報部総合班長だった昭和八年から九年にかけて、武藤は永田などの命を受けて、情勢把握のために、中国とヨーロッパ・アメリカに派遣されている。欧米での滞在は三ヵ月ほどだった。

武藤は、総合班長時代、東アジアをはじめ国際情勢の分析に力を注ぎ、いくつかの論述も発表している。そこではヨーロッパでの戦争の可能性について常に注意を払っていた。

たとえば、次にみる一九三三年（昭和八年）の論考では、第一次世界大戦以来の国際連盟や英米独仏伊ソ中など各国の動向を、かなりのスペースを割いて検討している。そこでは、近年各国が「国家主義」の方向に動いており、ことに欧州情勢について、「将来において必ず仏独戦争は起こる」との指摘をしている。この分析は永田の見方に通じる。

〈国際一般情勢を要約して申しますると、いわゆる平和主義、国際協調主義と、反動思想たる国家主義とが、矛盾し反発しながら動いているように観察することができるのであります。……「しかし」これは極めて平凡な表面的な観察でありまして、さらに一層深く観察いたしますと、国際政局の動きにおきましては……他国を苦境に陥れても自国のみこの不況状態を突破しようとしている。……すなわち国家主義が実際の指導精神であります。……ドイツも……軍備平等権を振り廻してきた。……ベルサイユ条約の訂正を要求しております。ドイツが起こってくるとイタリーが必ず支持をする。……フランスはポーランド・チェッコスロバキアなどと手を握るという次第で欧州は危険線上をさまよっているのであります。……両国［ドイツ・フランス］の間の緊張というものは想像以上のものがあります。将来において必ず仏独戦争は起こるのでありましょう。〉（武藤「国際情勢と日本」『信濃教育』第五六一号、一九三三年）

この直前、ドイツでは、ベルサイユ条約の破棄と再軍備を主張するナチスが政権を掌握していた。

また翌年の論考でも、同様に欧州情勢の動向を重視している。ここでも武藤は世界の国家主義への傾斜を指摘している。また、中国について、蔣介石政権の「革命外交」からして、「必ずや支那はまた日本に刃向かって」くる。したがって、日本の国策としても、日満提携をはかって、これを「是非とも支那の本土に及ぼさねばならない」としている（武藤「世界現下の情勢と国民の覚悟」『錦旗・新日本建設の最高指標』昭和九年三月号）。

同年の別の論考でも、日満の提携関係をさらに「支那大陸の方に及ぼして」行かなければならないとしている（武藤「欧米より見たる極東問題」『経済倶楽部講演』第五二輯）。

中国本土への勢力拡大は、永田の構想にも沿ったものだった。

ただ、この論考では、「親日的態度をとる地方政権」を援助し、中国内部に地域的な親日政権を作っていく方向を示唆している。後の華北分離工作に通ずるものといえよう。

また、そこでは、欧米における国家主義の台頭について、対外的な自国の「国家本位」の面のみならず、国内政策として、「国家の全能力」を発揮しうるように国内を統制しつつあることにふれている。国家総動員への傾斜を指摘しているのである。この点は後述する、第二次世界大戦開始時の武藤の「国防国家」体制論へとつながっていく。

永田刺殺の現場に立ち会う

ところで、皇道派と統制派の対立のなか、永田は、いったん陸軍中央を離れるが、一九三四年（昭和九年）三月、陸軍省軍務局長として中央に復帰する。軍務局長は陸軍省の実務トップで、永田は林銑十郎陸相を動かして、皇道派を陸軍中央から追放し、事実上、全陸軍をリードする存在となった。武藤も、永田の意向で、翌年三月、陸軍省軍務局の軍事課高級課員（課長補佐相当）となる。

だが、陸軍内の派閥抗争の激化のなかで、八月一二日、永田が陸軍省内で執務中に現役将校に刺殺される。軍務局長室の急変を聞いて駆けつけた池田純久（当時軍事課員）は、その時の様子を、次のように回想している。

〈武藤［章］中佐が先頭で、私がそれに続いて局長室に駆け込んだ。……局長は鮮血に染まって、片肘をついて絨毯の上に倒れているではないか。……武藤中佐がうしろから、私が前から、抱きかかえるようにして「局長、局長！」と数回叫んでみた。しかし何の反応もない。……私は、ほとばしるおびただしい血しぶきを浴びて、軍服を朱に染めた。〉（池田純久『日本の曲り角』）

武藤はこの事件に関係する「陸軍省発表」の一部も執筆することとなった（高宮太平『順逆の昭和史』）。

統制派メンバーだった西浦進は、情報部総合班長時代の武藤について、「永田第二［情報］部長の懐刀《ふところがたな》」だったと回想している（西浦進『昭和戦争史の証言』）。永田と武藤は、教育総監部第一課（軍隊教育担当）で二ヵ月、情報部で一年四ヵ月、軍務局で五ヵ月、同じ部署に属した。

また武藤は永田について、「我々部下は同少将［永田］に「合理適正居士」の尊称を奉っていた。永田少将は……合理適正と認めざるかぎり頑として応じない人であった」（『比島から巣鴨へ』）と述べている。繰り返しになるが、この間、武藤は永田から大きな影響を受け、永田の構想を直接受け継ぐことになる。

二・二六事件の事後処理で活躍

翌一九三六年（昭和一一年）二月、皇道派につながる部隊付きの青年将校たちが、クーデターによる国家改造をめざし、約一五〇〇の武装兵を率いて蜂起する。二・二六事件である。彼らは斎藤実《まこと》内大臣、高橋是清大蔵大臣、渡辺錠太郎陸軍教育総監らを殺害。鈴木貫太郎侍従長に重傷を負わせた。

武藤は、その時の自身の動きを、次のように記している。

〈出勤してみると、参謀本部や陸軍省が軍隊によって占領されていた。……陸軍省裏門に近づくと、栗橋主計課長が飛んで来て「君！　危ない」と叫んで私を押し止めた。……昨夜在京部隊が決起して、重臣を殺し……君も殺すといってるそうだ、とのことであった。……当時軍事課長は高血圧のため仕事に支障があった……各局長や部長は途方に迷っていたようであった。私は……いわゆる決起部隊を反乱軍として一刻も速やかに鎮圧すること、……速やかに粛軍の実を挙げることの方針を、軍事課課員に示して一切の処置に当たった。〉（武藤『比島から巣鴨へ』）

　ここで武藤が決起部隊に狙われたのは、かれが統制派の中心人物とみなされていたからである。決起部隊を指揮している青年将校たちは、統制派に敵対する皇道派につながっていた。結局、決起部隊によるクーデターは失敗し、彼らにつながる荒木貞夫、真崎甚三郎ら皇道派の将官も陸軍から追放された。また、それとともに政治色のある有力な上級将官は、ほとんど現役を去った。

　そのような陸軍のなかで強い発言力をもつようになったのが、陸軍省では武藤章（軍事課高級課員）であり、参謀本部では石原莞爾（作戦課長）だった。石原は武藤と同様、永田が中央に呼び寄せたのである。ただ、石原の着任は、先述の永田遭難当日だった。

　武藤は、二・二六事件直後、軍事課員を動かして、真崎、荒木のみならず、川島義之陸相や林銑十郎ら古参将官に辞職を迫り、実現させた。この時、武藤は、部下の有末精三軍事課員に、こう指示している。

〈「オイ貴様、植田［謙吉］、寺内［寿一］、西［義一］の三大将以外の軍事参議官は、すべてやめてもらう。そこで貴様がそれを言いにゆけ」〉（「有末精三の証言」『軍務局長武藤章回想録』）

これら古参将官への辞職勧告は、武藤の独断ではなく陸軍省人事局とも協議の上のことだった。ただ武藤が主導したことは確かである。

軍と政治の関係

なお、この頃、陸軍内部に軍内閣を樹立すべきとの動きがあったが、武藤は否定的だった。武藤は戦後の手記でこう述べている。

〈陸軍部内に軍内閣の熱が相当にあった……。この運動を抑圧するため、私は身命を賭して会合に乗り込み、辛《かろ》うじて説得したことさえあった。〉（武藤『比島から巣鴨へ』）

また、広田弘毅内閣成立のさいには、陸相候補の寺内寿一とともに組閣に介入するなど、陸軍省において重要な役割をはたした。永田死後、武藤が陸軍中央における統制派の中心的存在となり、永田の後継者とみなされるようになる。武藤は、参謀本部情報部で総合班長として一年四ヵ月、陸軍省軍務局で軍事課高級課員として五ヵ月、永田の直接の指揮のもとで働いていた。ちなみに同じく永田と近い関係にあった東条は、このころ満州の関東憲兵隊司令官として中央から離れていた。

なお石原は、統制派メンバーではないが、非皇道派系一夕会員で、陸軍内で満州事変の主導者として声望が高く、作戦課長として、事実上参謀本部をリードする存在となった。

この武藤・石原らを中心とする陸軍の圧力によって、同年五月、広田弘毅内閣下で陸軍大臣現役武官制が復活する。大正はじめに陸相任官資格は予後備役にまで拡大されていた。それが再び現役武官に限定されることとなったのである。武藤ら陸軍省軍事課の起案によるものであった。

このような現役武官制の復活について武藤は、「軍の横暴を逞《たくまし》うする伏線ではなく、寧《むし》ろ軍の粛正を図る目的であった」としている（武藤『比島から巣鴨へ』）。しかし、この制度は、その後、陸軍大臣の推薦を拒否して宇垣一成内閣の成立を阻止するなど、陸軍が政治的影響力を行使する有力な手段の一つとなった。

その翌月、武藤は関東軍参謀として満州に転出する。その結果、石原が陸軍中央において主導的役割を果たすようになる。

三　日中戦争――石原莞爾との抗争

一九三七年（昭和一二年）七月七日、日中戦争の発端となる盧溝橋事件が起こる。このころ武藤は陸軍中央に復帰し、作戦部長に就いた石原のもとで作戦課長となっていた。

盧溝橋事件の知らせを聞いた石原は、事態不拡大、現地解決の方針を示し、現地の日本軍に拡大防止を指示した。このころ、参謀本部を統括していた参謀次長は病床にあり（参謀総長は皇族）、石原作戦部長が実質的に軍令部門の最高責任者だった。

だが、武藤は、作戦課長でありながら、上司の石原とは異なった姿勢だった。すなわち、南京政府は「全面戦」を企図している可能性もあり、この事態には「力」をもって対処するほか方法はない。それには「北支」の兵力を増強し、状況に応じて機を失せず「一撃を加える」必要がある。そう考えていた（田中新一「支那事変記録」）。

陸軍省の中核である軍事課長の田中新一も、武藤の考えを支持した。田中は統制派系で武藤と親しい関係にあった。田中は、北海道釧路に生まれ、仙台幼年学校、陸軍士官学校をへて、一九二三年（大正一二年）に陸軍大学を卒業している。武藤より三期下である。その後、武藤と同様一夕会に入り、ソ連・ポーランドに駐在。帰国後、関東軍参謀となり、まもなく陸軍省兵務課長のポストに就く。この兵務課長時代に、宇垣一成元陸相に大命が降下されるが、石原・武藤らとともに、組閣を阻止している。後に述べるように、武藤と田中は対米開戦などをめぐり、正面から対立することとなるが、この時点では、対中強硬策で一致していた。

九日、武藤ら作戦課は、近辺の中国軍および国民党中央軍の増援に対応するためとして、関東軍二個旅団、内地三個師団などの現地派兵案を作成した。田中軍事課長も、この際中国軍を北京、天津、河北省全域から排除すべき、との強硬姿勢だった。

その後、武藤ら作戦課は、厳しい要求を中国側に突きつけ、誠意ある回答がなければ、内地三個師団をただちに動員して中国軍を「膺懲《ようちょう》」すべきだとの主張をまとめた（膺懲とは、こらしめること）。その際、戦場はなるべく「北支に限定」するが、状況によっては「対支全面戦争」に移行することもありうるとしていた（参謀本部作戦課「情勢判断」『支那事変陸軍作戦』第一巻）。

石原は、これに次のように反対した。

現在の動員可能師団は一五個師団で、そのうち中国方面に振り向けることができるのは一一個師団程度である。それでは中国との「全面戦争」は不可能である。しかし、内地三個師団を派遣し戦闘状態に入れば、全面戦争となる危険が大きい。そうなると、長期にわたる「持久戦争」とならざるをえない。「一度戦争となれば、どうしても全面戦争になる」、と（「石原莞爾

中将回想応答録」『現代史資料』第九巻）。

　しかも、長期戦となりソ連が侵攻してくれば、対処不能となり、その面からも本格的な対中軍事発動は避けるべきだと判断していた（同右）。


　それに対して、武藤らはこう考えていた。

　中国は国家統一が不可能な分裂状態にあり、日本側が強い態度を示せば蔣介石ら国民政府は屈服する。今は軍事的強硬姿勢を貫き一撃を与え、彼らを屈服させて華北を日本の勢力下に入れるべきである。現在の事態は、それを実現する絶好の機会である、と（「井本熊男の証言」「今岡豊の証言」『軍務局長武藤章回想録』）。

　ただ武藤も、長期の日中全面戦争となる可能性を考慮に入れていた。たとえば、八月上旬、一五個師団を中国の戦線に投入した場合について、次のように想定している。

　現有作戦資材、ことに貯蔵弾薬量については、一五個師団に対して八ヵ月の補給力がある。小銃については一五個師団分の補給は軍需動員四ヵ月半で可能。小銃以外の重機一五個師団分は、軍需動員四ヵ月で補給可能となる（田中「支那事変記録」）。国民政府が一撃では屈せず、長期の全面戦争となることも、いちおう念頭に置いていたのである。武藤も、周囲には、一撃で、と強気の発言をしていたが、それほど単純には考えていなかった。

その後も、内地師団派遣中止を主張する石原と、派遣実施をせまる武藤とが対立。「君が辞めるか私が辞めるか、どっちかだ」（石原の発言。「今岡豊の証言」『軍務局長武藤章回想録』）との言い争いにまで至った。下僚でありながら武藤は、上司である石原の意向と徹底的に争ったのである。

この頃、武藤は石原について、田中新一軍事課長に、こう述べている。

〈「石原部長の考えは猫の目のように変転して全然掴まえどころがない。今日も議論の末『君やめたまえ』〔職を退けの意〕といったから、しばらく部長の顔を凝視してからアハハハと笑って帰ってきた。部長のように夢みたいなことを考えていては時局は益々深みにはいるばかりだ〔石原は近衛文麿首相と蒋介石の直接交渉によって、日中の問題解決をはかろうと提言していた〕。俺は現実的に当面の事態を処理するのだ」〉（田中「支那事変記録」）

このような武藤の強硬姿勢には、じつは背景があった。

対立の源は華北分離工作

約二年前の一九三五年（昭和一〇年）、永田が刺殺される直前、永田ら陸軍中央は、関東軍など現地軍に対して、華北五省を国民政府（南京）から分離させる工作、すなわち華北分離工作を指示した。華北の軍需資源獲得のためだった。

前述のように、永田は次のような構想をもっていた。

近い将来、次期世界大戦は不可避であり、日本も否応なくそれに巻き込まれる。その場合、戦争は、必ず国の人的、物的資源を総動員し、政治・経済・文化など全ての領域の力を結集する国家総力戦となる。それに対応するには日本も国家総動員体制の確立と、戦時自給自足のための不足軍需資源確保が必須だ。そう考えていた。

永田は、その不足資源を中国大陸に、なかでも満州、つぎに華北に求めようとしていた。生前、永田は、そのような観点から、林銑十郎陸軍大臣に働きかけ、華北分離工作を政府の政策として決定させていた。武藤もまた同様に考えていたのである。華北分離工作は、永田軍務局長の指示で武藤自身が起案したものであり、武藤にとっては永田の遺志でもあった。

その華北分離工作を、石原は独自の判断から中止させていた。石原は、極東ソ連軍の増強に強い危機感をもっており、対ソ戦備充実を最優先課題とする観点から中国との紛争を避けようとしていたのである。

ところが当時、欧州では、ドイツの再軍備宣言に続くラインラント進駐や、イタリアのエチオピア侵入などで、軍事的緊張が高まっていた。そのようななか、武藤らは近づく次期大戦への対処の観点から、石原の華北分離工作中止方針に強い危機感をもち、華北の軍需資源をあくまでも確保しようとしたのである。永田や武藤は、次期大戦はドイツ周辺から起こる可能性が高いと判断していた（なお石原は、ヨーロッパの戦争は必ずしも世界大戦とはならないとして、欧州大戦絶対不介入の姿勢だった）。

したがって、武藤の対中強硬論の主要なねらいは、石原作戦部長による華北分離工作中止の方針を打破し、華北の軍需資源を確保することにあった。

中国戦線へ

このような華北分離工作をめぐる武藤と石原の対立は、盧溝橋事件以前、関東軍のいわゆる内蒙工作をめぐって顕在化していた。関東軍は、一九三六年（昭和一一年）二月頃から、蒙古王族徳王《とくおう》を援助し、内蒙古を国民政府から独立させることを意図して、内蒙軍政府を樹立させた。この内蒙軍政府に陸軍の特殊機関員を派遣し、華北分離工作の一翼を担わせようとしていたのである。同年秋、石原は参謀本部戦争指導課長として、内蒙工作を中止させるべく、新京の関東軍司令部を訪れた。

そこで石原は、陸軍中央の内蒙工作中止の指示を遵守するよう主張した。

それに対して武藤は、「石原さん！　それは上司のいい付けを伝える、表面だけの口上ですか、それともあなた自身の本心を、申しておられるのですか」と発言した。

石原はこれに答えて、彼自身内蒙工作には絶対反対であること、そのような工作は日中間のみならず日ソ間にも紛争を起こしかねないものであることを説いて、関東軍の幕僚たちを説得しようとした。

だが武藤は、「本気でそう申されるとは驚きました。私はあなたが満州事変で大活躍されました時分、この席におられる、今村〔関東軍参謀〕副長といっしょに、参謀本部の作戦課に勤務し、よくあなたの行動を見ており、大いに感心したものです。そのあなたのされた行動を見習い、その通りを内蒙で、実行しているものです」と反論。若い参謀たちが口を合わせて哄笑したとのことである（『今村均回顧録』）。

すでにこの時には、武藤は石原の華北分離工作中止の考え方には否定的だったのである。彼自身の政策判断からのみならず、永田の遺志を実現させたいとの思いが強かったのであろう。このような武藤の姿勢は、石原に対抗する統制派を代表したものでもあった。

その後、日本側の動きに反応して中国側も強硬姿勢となり、北京広安門などで日中軍が衝突。石原ら陸軍中央は、現地での緊張状態に対処するため内地三個師団の派遣を決定するとともに、現地中国軍を徹底的に「膺懲」すべきとの通報を現地軍に送った。

こうして、一九三七年（昭和一二年）七月二八日、陸軍中央の命令によって現地日本軍が華北で中国軍への総攻撃を開始した。日中戦争が本格的に始まったのである。

この後も石原は戦線不拡大方針を堅持しようとするが、戦線拡大を主張する武藤や田中との抗争に敗れ、関東軍に転出する。武藤も、上海への戦線の拡大後、同年一〇月、中支那方面軍参謀副長として中国に派遣される。こうして日中戦争は拡大していった。だが武藤らの予想に反し、中国国民政府は容易に屈服せず、戦争は泥沼に入っていくことになる。

また武藤自身、日本を離れることによって、陸軍中央への影響はひとまず中断されることになる。ただ、統制派およびその影響を受けた統制派系の幕僚の発言力は、陸軍中央で維持されつづける。

なお、その後、日本軍は中国国民政府の首都である南京に進撃したが、その過程で戦闘で抗戦した中国兵のみならず、敗残兵・捕虜・民間人が多数殺害された（南京事件）。この時、南京を占領した中支那方面軍司令官であった松井石根《いわね》は、その責任を問われ、後に東京裁判でA級戦犯として死刑判決を受けた。その松井について武藤は、「全然誣告《ぶこく》といわざるを得ない」として擁護している。武藤によれば、松井は、南京占領時には「南京市内における日本軍人の非行」に対して厳重な取り締まりを命ずるなど、「心底からの日支親善論者」で、「支那人の立場を尊重」する姿勢が強かったとされている（武藤『比島から巣鴨へ』）。判決は誤解に基づくものであるとして、松井個人については同情的だったといえよう。

ところで、先にも触れたように日中戦争開始以前、関東軍は華北分離工作と並行して内蒙工作を進めた。だが、一九三六年（昭和一一年）一一月、徳王の内蒙軍による華北綏遠《すいえん》省侵攻作戦が失敗。内蒙軍内の反乱によって、上級佐官を含む二九人の日本人特務機関員らが殺害された。事件後、武藤は関東軍第二課長（情報担当）として現地で事態の収拾にあたった。

その時、随行した松井忠雄徳化特務機関補佐官に武藤は次のような言葉を残している。

〈政党政治の時代は去った。しかし軍が肩代わりするのは好ましくない。これは過渡的便法だ。……この過渡的時代に日本が国際的危機に追いこまれるのは日本の不幸だ。しかしこれは日本の運命だ。〉（松井忠雄「『綏遠事件始末記』抜萃」『現代史資料』第八巻）

同年、日本はロンドン海軍軍縮条約から脱退、ワシントン海軍軍縮条約も破棄した。また、すでに、国際連盟からの脱退も発効していた。

この発言は、その後の日本とともに武藤自身の「運命」を暗示するものだった。

第二章　軍務局長就任
――第二次世界大戦、始まる

武藤章

一　「国防国家」論と「総合国策十年計画」

一九三九年（昭和一四年）九月一日、ドイツ軍がポーランドに侵攻した。三日、これに対して、イギリス、フランスが、ポーランドとの相互援助条約に基づいて、ドイツに宣戦。これが、第二次世界大戦の始まりとなる。

その直前の八月二三日、独ソ不可侵条約が結ばれていた。かねてから厳しい対立関係にあったドイツとソ連が、一転して、提携したのである。

同年九月三〇日、武藤は、北支那方面軍参謀副長から陸軍省軍務局長に就いた（四六歳、当時少将）。陸相は畑俊六（阿部信行内閣）、陸軍次官は山脇正隆だった。

すでに、九月一三日、参謀本部実務トップの作戦部長に、統制派の冨永恭次が就いていた。冨永は、熊本陸軍幼年学校から陸軍士官学校まで武藤と同期で、親しい間柄にあった。また田中新一とも陸士、陸大の同期で、東条英機とも深いつながりがあった。

武藤の軍務局長就任により、陸軍省・参謀本部ともに、その実務トップを統制派が掌握することとなった。これら武藤軍務局長、冨永作戦部長の就任は、統制派系中央幕僚の働きかけによるものだった。

かねてから武藤は、永田の後継者的存在とみられており、後述するように、かなり明確な戦略構想をもっていた。その軍務局長就任により、陸軍中央の基本的な政戦略（政治・軍事戦略）は武藤がリードしていくことになる。

「欧州大戦不介入」は可能か？

軍務局長となった武藤は、当面、ヨーロッパでの大戦に関与することには慎重な姿勢だった。しかし他方、彼は、今や世界は「歴史的の一大転換期」にあり、このような時期に「我が国ひとり安閑としていることは絶対に不可能」だとの認識に立っていた（武藤章「時局の展開と国防国家確立の急務に就いて」『支那』第三一巻第一〇号、一九四〇年）。

すなわち、いずれ世界の動乱に巻き込まれざるをえない、とみていたのである。

なお、当時の阿部信行内閣は、英仏の対独宣戦直後の九月四日、欧州大戦不介入の声明を発表していた。当時の陸軍中央も、日中戦争の早期解決を基本政策とし、欧州大戦には「中立的態度」を維持する方針だった。

ちなみに、武藤軍務局長就任直後の陸軍省軍務局中枢メンバーは、岩畔《いわくろ》豪雄《ひでお》軍事課長、西浦進同高級課員、有末精三軍務課長、永井八津次同高級課員などだった。これに冨永恭次参謀本部作戦部長、稲田正純作戦課長を含め、陸軍中央の実権は広い意味での統制派系が掌握していた（武藤・冨永・西浦・永井は、永田生前からの統制派。岩畔・有末・稲田は彼らの強い影響を受けた狭義の統制派系。本書では統制派に狭義の統制派系を加えて、広い意味の統制派系とよぶこととする）。

武藤は、そのような欧州戦争不介入のうえで、国内体制の整備すなわち「国防国家」体制の確立と、日中戦争の早期解決を、当面の課題と考えていた。

永田構想を継承した「国防国家」論

では、武藤のいう国防国家とはどのようなものだったのだろうか。

彼によれば、国防国家とは、「国家総力戦」に向けた体制を「平時」から整備し、物心両面で挙国一致体制にある国家を意味した。それは、政治・経済・外交・文化など国家の総力を戦争目的に合致するよう組織・統制し、「有事」となれば、すぐに「総合国力」を発揮しうる国家だった。

〈国防国家とは……国家総力戦体制の平常化とでもいうべきものである。……物心両面にわたる真の統一ある挙国一致体制である。政治・経済・外交・文化の各部門、すなわち国家の総力を挙げて戦争目的に合致するように、平素から一元的に組織してこれを統制し、一朝有事の際は……ただちに敏活に総合国力を発揮運営しうるように移行することのできる国家が、すなわち国防国家というのである。〉（武藤「時局の展望と国防国家確立の急務に就いて」）

ではなぜ、国家総力戦に向けた体制が必要なのか。

武藤は、第一次世界大戦以来の戦争形態の変化について、次のように述べている。

大戦以前においては、「武力戦のみ」によって戦争の勝敗が決せられた。したがって、その時代においては、「軍備のみ」をもって国防の目的は達せられた。だが、大戦によって「戦争の形態」は急激に変化した。国家の保有する「総合国力」を全て動員する「国家総力戦」となった。それゆえ、「広義国防」の観点に立ち、国家総力戦のための体制を整えなければ、国防の目的は達成し得られないようになったのである。したがって、軍備はもとより、直接間接に戦争に関与する一切の要素を動員して国家総力戦に備えなければならない、と。

　この国家総力戦に備える体制が、国防国家体制だった。

〈何をおいても帝国は国防国家体制を確立しなければならぬ。元来武力戦のみによって戦争の勝敗が決せられた時代においては、軍備のみをもって国防の目的は達せられたのであるが、第一次欧州戦以後、戦争の形態は急激に変化して、近代戦においては国家の保有する総合国力、換言すれば広義国防に立脚する国家総力戦によらなければ、国防の目的は達成し得られないようになったのである。〉（同右）

　つまり、国防国家体制とは、国家の政治・経済・文化の全て、人的、物的資源の全てを総動員するものであり、いわゆる国家総動員体制を意味した。武藤の主張する国防国家体制の確立とは、このような国家システムの建設を具体的内容としていた。

　これは、第一章で述べた、永田の構想を継承したものといえる。

　そのうえで武藤は、こう述べている。欧州大戦の勃発によって、世界は今や「戦国時代」となり、「弱肉強食の修羅場」と化している。列強諸国は、いずれも競って国防国家の体制を作りつつある。このような「世界的趨勢《すうせい》」において、日本のみ局外に立ち、「安閑」としていることは不可能である。したがって、一刻も早く国防国家体制の建設に向け邁進《まいしん》しなければならない。そうでなければ「恐るべき状態」となるだろう、と。

〈世界は今や弱肉強食の修羅場と化し、まさに戦国時代の様相を呈している。かかる世界的趨勢において、我が国のみ独《ひと》り安閑としていることは、これは絶対に許されない〉（武藤「国防国家完成の急務」、一九四〇年）

〈世界的大動乱は地球狭しとばかりに展開されている。……かかる世界的趨勢に、我が国ひとり安閑としていることは絶対に不可能なところであり、いな、内外ともに容易ならざる大事変に直面しつつある我が国こそ、一刻も速やかに国防国家の確立に邁進しなければならぬ。……最近における動きのみ見ても……至る処の国家が自己発展の為には、あらゆる犠牲を払ってでもやろうとする状態である。……世界は今や戦国時代である。この状態において……世界列強はいずれも競って国防国家の体制を作りつつある。……

国防国家の確立を一刻も速やかにしなければ……我が国にとっては恐るべき状態が来るのではあるまいか〉（武藤「時局の展望と国防国家確立の急務に就いて」）

すなわち、欧州大戦勃発後の世界情勢の展開に対処するため、早急に国防国家体制の確立が必要だというのである。

かねてから武藤は、国際社会における、自国本位の「国家主義」の台頭に注目していた。前にも触れたが、改めて紹介しよう。

〈国際一般情勢を要約して申しまするると、いわゆる平和主義、国際協調主義と、反動思想たる国家主義とが、矛盾し反発しながら動いているように観察することができるのであります。……［しかし］これは極めて平凡な表面的な観察でありまして、さらに一層深く観察いたしますと、国際政局の動きにおきましては……他国をいかに苦境に陥れても自国のみこの不況状態を突破しようとしている。……すなわち国家主義が実際の指導精神であります。〉（武藤「国際情勢と日本」『信濃教育』第五六一号、一九三三年。以下、傍点は引用者）

それが今や「国防国家体制」（国家総力戦に向けての国家総動員体制）の建設という新しい局面に展開したと判断していたといえよう。

「大東亜生存圏」へ

さらに、武藤は、その国防国家体制の確立には、国内の体制整備のみならず、「自給自足経済体制」の樹立、ことに資源の自給自足が、必要だと考えていた。そのためには中国のみならず、東南アジアなど南方の資源を獲得しなければならないと判断していた。そこから、日本・満州・中国を核とする、より広域的な「大東亜生存圏」の形成が必要だとされる。大東亜生存圏は、中国など東アジアに加え、南方すなわち東南アジアを含むものだった。

〈国防国家建設の内容は……大東亜の建設を根幹として、その重心を支那事変の完遂に置き、日満支を枢軸として南方にも重大関心を示さんとするものである。すなわち南方に関心を示さんとしつつあるということは、主として新秩序のための自給自足経済体制を樹立せんとするもので、国防国家において何よりも大事なものは、この自給自足経済体制を樹立することであるからである。〉（武藤「時局の展望と国防国家確立の急務に就いて」）

〈帝国の国策が日満支を枢軸とする大東亜生存圏の結成に指向せられ……これが遂行に邁進しつつある所以《ゆえん》のものは……東亜諸民族全体……を日本を盟主とする一大家族関係に導いて……共存共栄をもって大東亜の自力更生の実を挙げんとするに他ならない。〉（同右）

〈吾々はあくまでも自給自足の共存共栄圏を作らなければならない。それがためには……南方の資源を獲得することが必要である。〉（武藤「国防国家完成の急務」）

当時、重要な軍需資源である、石油・生ゴム・ボーキサイトは、東アジアでは、ほとんど産出されなかった。石油は、艦船・航空機・戦車・自動車などの主要なエネルギー源として、生ゴムは航空機・戦車・自動車の重要部品として、ボーキサイトは、航空機の機体用アルミニウム原料として、必須のものだった。また、鉄・錫《すず》・ニッケル・燐《りん》・タングステンなど、その他の重要資源の産出量も必要な量にはるかに及ばなかった。資源の自給自足の観点からみて、東アジアのみでは、不十分だったのである。それらの不足する軍需物資は東南アジアに存在し、そこから獲得可能とみられていた。

例えば、石油・ボーキサイト・錫は、オランダ領東インド（蘭印、現インドネシア）、英領マレー（マレー半島、西ボルネオ）に、鉄はフランス領インドシナ（仏印）、英領マレーに、生ゴムは東南アジア全域に、大量に埋蔵もしくは生産されていた。

ちなみに、永田鉄山は、一九二七年（昭和二年）ごろ、石油の必要量を約八百万石（約一五〇万キロリットル）、アルミニウムは約七〇〇〇トン、錫数万斤（数十トン）とみていた（永田鉄山「現代国防概論」遠藤二雄編『公民教育概論』）。

これに対して、石油の一九四〇年度（昭和一五年度）需要見込み量は、原油三五〇万キロリットル、アルミニウム六万トン、ボーキサイト二六万トン、錫一万六〇〇〇トンだった（「昭和十五年度物資動員計画」）。同様に、銑鉄の必要量約一〇〇〇万トンから需要見込みは五〇〇万トンに、鋼材は約二〇〇万トンから六〇〇万トンなどとなっている。軍需資源の必要量が膨大な量にふくれあがっていたのである。

東南アジアに着目した理由

　この東南アジアの資源への着目は、永田にはなかったもので、武藤独自の新しい観点だった。永田の時代には、中国の資源で自給自足が可能と考えられていた。だが今や、中国の資源のみでは長期の国家総力戦には対応できない、と武藤は判断していたのである。

　このことは、武藤の構想を考察する上で重要な点である。

　ではなぜ、中国を含む東アジアの資源のみでなく、東南アジアの資源も必要と考えられるようになったのだろうか。なぜ、東アジアのみでは、必要軍需資源の自給自足には不十分と判断されるようになったのだろうか。

　その背景には、実際の戦闘において、航空兵力や戦車、軍用自動車の重要性が増大してきたことがある。永田も航空機や戦車などの重要性に着目していた。だが、日中戦争やノモンハン事件、スペイン内戦、独ソのポーランド侵攻などで、急速にその役割が増大し、格段に重要視されるようになった。そこから、航空機、戦車、軍用自動車に必須の石油、生ゴム、ボーキサイトへの需要が急激に高まり、その資源を有する東南アジア地域が、あらためて注目されるようになったのである。

武藤にとって、全ては国家総力戦に備えるためだった。

武藤は、欧州大戦には当面不介入の姿勢をとっていた。だが、それは、必ずしも絶対不介入ではなかった。現在のところ戦争はヨーロッパ近辺にとどまっているが、いずれ世界大戦となり、日本も去就を決めなくてはならなくなるとみていた。

陸軍の「国策」を定める

さて、「国防国家」建設の課題について、武藤は、まずその基本プランとなる総合国策案の策定にとりかかった。

一九四〇年（昭和一五年）はじめ、岩畔軍事課長、河村参郎《さぶろう》軍務課長にその起案を命じる。岩畔らは、企画院の秋永月三《つきぞう》（陸軍大佐）や国策研究会常任理事の矢次一夫（陸軍省嘱託）などと協力し原案を作成した。

ちなみに岩畔は後に武藤の命を受け、日米交渉を担当することになる。また秋永は陸軍から派遣され東京帝国大学経済学部で聴講、商工省や内閣直属の企画院につとめた異色の軍人である。太平洋戦争末期の一九四五年（昭和二〇年）六月、内閣綜合計画局長官として「国力ノ現状」をまとめたことでも知られる。矢次は、労働運動出身だが、政官軍に広いネットワークをもつ一種のフィクサー的存在で、彼が常任理事を務める国策研究会は、陸軍のシンクタンク的役割を果たしていた。

当時、武藤は、陸軍にはその強い政治的発言力にもかかわらず、国策をリードする「確たる政策」がないと考えていた（武藤『比島から巣鴨へ』）。したがって、この総合国策案をもって陸軍の基本政策とすることを企図していた。

六月中旬、武藤らは、その原案をもとに軍務局参考案として「総合国策十年計画」をまとめた。その内容は多岐にわたるが、主な内容は次のとおりである。これが、その後の陸軍の政策展開の一つのベースとなる。

一、最高国策として、大東亜協同経済圏を建設し、国力の充実発展を期す。
二、この国策の遂行のために、必要な陸海軍の軍備を充実する。
三、欧州戦争には不介入方針を維持する。
四、日中戦争を早期に解決し、両国の経済提携により重要産業を開発する。
五、内政では、強固なる政治指導力を確立し、全国的国民総動員組織を作り上げる。それとともに計画経済を推進し、国家統制を強化する。

ここで注目すべきは、第一に、大東亜協同経済圏（武藤のいう「大東亜生存圏」）の建設が、最高国策として設定されていることである。

ここでの「大東亜」とは、東アジア、東南アジアなどを含む地域が念頭に置かれている。その地域が、国力の充実、物資の自給自足の観点から、一つの協同経済圏とされる。そこには、中国のみならず、東南アジアからの不足資源の確保、すなわち南方資源獲得への視角が含まれていた。東南アジアから獲得すべき必要資源は、石油、生ゴム、ボーキサイト、鉄、錫、ニッケル、燐などだった。この国策案により陸軍の関心は、中国に加え、南方へと向かうこととなる。

ただ、当時東南アジアは、タイを除いて、すべて欧米列強の植民地となっていた。インドシナ半島はフランスの植民地であり、マレー半島、西ボルネオ、シンガポール、ビルマはイギリスの植民地だった。また、インドネシアはオランダの植民地だった。

そこでいかにして資源を確保するか。それが問題となるが、その点については「総合国策十年計画」そのものには記されていない。

この大東亜生存圏、大東亜協同経済圏の設定が、戦前昭和史において武藤が果たした役割の最も重要なものであろう。これが大東亜共栄圏論となり、太平洋戦争への主要な動因の一つとなっていくからである。

「一国一党」への注目

この文書で、第二に注目されるのは、国策遂行のため「強固なる政治指導力」を確立し、「全国的国民総動員組織」を創出すべき、との考えが打ち出されていることである。

これは、後述する近衛文麿元首相周辺の新党結成の動きと連動し、いわゆる近衛新体制運動の積極的推進というかたちで具体化していく。そこでは、親軍的な政党による一党独裁の方向が志向され、近衛新党の政治的指導力によって、「一国一党」のもとでの新体制を実現しようとする動きとなっていくのである。武藤もまた「一国一党」を目ざしていた。彼は腹心の石井秋穂に「実際は一国一党だが、一国一党というと……攻撃を受けるから言葉を慎め」と述べている（「石井秋穂大佐回想録」）。

この「強固なる政治指導力」を確立すべきとの観点も永田には明確にはみられないもので、ナチスやソ連共産党の一党独裁制が念頭に置かれていたと推測される。ソ連共産党についても、武藤は、永田の命で二年間のソ連駐在を経験した庄司健吉（陸軍主計将校）などのルートで情報をえていた。そして、主にその強力な国家統制の面に注目していた。

陸軍案を踏襲した「基本国策要綱」

さて、武藤らの「総合国策十年計画」は、第二次近衛内閣の組閣直後（一九四〇年七月二六日）に閣議決定された「基本国策要綱」に反映される。
「基本国策要綱」の主な内容は次のようなものだった。

一、「日満支」の結合を根幹とする「大東亜の新秩序」を建設する。

二、内外の新情勢に鑑《かんが》み、「国家総力発揮の国防国家体制」を基底とし、必要な軍備を充実する。

三、内政においては、「強力なる新政治体制」を確立し、国政の総合的統一を図る。

四、日本を中心に「日満支」三国の自主的建設を基調に、国防経済の根基を確立する。

これらは、第二次近衛内閣の組閣直前、武藤から近衛に直接手渡された軍務局作成の「総合国策基本要綱」を踏襲したものである。「総合国策基本要綱」は、米内《よない》光政内閣末期、新内閣のための政綱として、武藤らによって「総合国策十年計画」をもとに作成されていた（矢次一夫『昭和動乱私史』中巻、『牧達夫氏談話速記録』）。

参考のために、武藤らの「総合国策基本要綱」の主な内容を記しておこう。

一、「日満支」の結合を根幹とする「大東亜の新秩序」を建設する。

二、内外の新情勢に鑑み、「国家総力発揮の国防国家体制」を基底とし、必要な軍備を充実する。
三、これまでの欧州戦不介入の方針を再検討し、我が国是遂行に同調する国家とは提携す。
四、内政においては、「強力なる新政治体制」を確立し、国政の総合的統一を図る。
五、「大東亜」を包摂する「自給自足経済政策」を確立する。

基本的な部分は、三以外は引用符部分の用語までほとんど閣議決定「基本国策要綱」と同じであることが分かる。三の部分は「基本国策要綱」では全く触れられていない。「基本国策要綱」は広く国民に発表する予定だったので、外交の機微に属する三の部分は除かれたものと推測される。

ただ、「総合国策十年計画」と武藤が近衛に示した「総合国策基本要綱」（ともに軍務局作成）との間には、一つの変化がみられる。前者（「十年計画」）での欧州戦争不介入方針が、後者（「基本要綱」）では、「再検討」の要ありとされ、日本の「国是遂行に同調する国家とは提携す」とされていた。ただ、この部分は、閣議決定された「基本国策要綱」には含まれていない。この変更は重要な意味をもつが、外交方針とかかわるので、後にあらためて検討する。

「桐工作」の失敗

他方、武藤らが、国防国家建設とともに当面の課題としていた日中戦争の解決については、重慶政府との直接交渉による日中和平をめざす「桐工作」が進められた。武藤はこれに力を入れていた（「石井秋穂大佐回想録」）。

だが、蔣介石ら重慶国民政府の継戦意志は固く、結局、桐工作も失敗に終わった。一九四〇年（昭和一五年）三月、汪兆銘政権が南京に樹立され、一一月、日本政府（近衛内閣）もこれを承認した。しかしその実効支配地域は、ほとんど日本軍の占領地域に止まり、まったくの傀《かい》儡《らい》政権だった。その後も、汪政権と重慶政府との合流、それによる日中和平が様々なルートで画策されるが、すべて実現に至らなかった。

この点について武藤は、戦後の回想でこう述べている。

〈私の中支北支に於ける二年間に見た支那人が、如何に抗日排日一色に塗りつぶされていたかは一驚に価した。……この思想は学校教育や新生活運動のたまものであろう。然しこれらの教育や運動がどうしてかくも速やかに民族意識にまで上向したか、私は蔣介石を中心とする国民政府や延安共産政府の政治の力であると思う。〉（武藤『比島から巣鴨へ』）

蒋介石ら国民政府による反日的な民族教育に注目していたのである。

また、中国駐留軍について、武藤ら軍務局は、当初在華兵力を八五万から五〇万に段階的に削減する方針だった。だが、現地軍は、揚子江上流の宜昌《ぎしょう》攻略作戦を計画しており、むしろ兵力増派を求めた。陸軍中央にとっても、重慶への物資補給の要衝である宜昌占領は、進展中の重慶との和平工作に、側面から圧力をかける意味があると判断した。

そこで、宜昌占領には兵力の増強が必要だとする現地軍の増派要請を認め、そのうえで年内に約一〇万の在華兵力を削減することが合意された。一九四〇年（昭和一五年）五月中旬、陸軍中央は、本年末までに重慶政府が「屈服」しない場合は、「自主的に態勢の収縮」をはかることとし、翌年秋までにそれを実施する、と正式決定した（「昭和十五年、六年を目標とする対支処理方策」防衛庁防衛研修所戦史室『大本営陸軍部　大東亜戦争開戦経緯』第一巻）。その後、宜昌占領が実施されたが、桐工作はほとんど進捗《しんちょく》せず結局打ち切られた。

また、ドイツの西方攻撃開始によるヨーロッパ情勢の激変とともに、陸軍中央の関心は南方武力行使問題に向けられることになる。

「対米依存経済からの脱却」と「英系勢力の駆逐」

では、そもそも武藤ら軍務局の対外政策はどのようなものだったのだろうか。対中国政策はすでにみたが、欧米列強に対する政策についても、「総合国策十年計画」に記されている。

まず、ソ連については、「必戦関係」にあり、対ソ戦備の充実を要請しながらも、十分な戦備完了までは「平和的状態の維持」に努めるとしている。将来はともかく、当面はソ連との国交調整により対ソ関係の安定化を図るべきとの主張だった。

アメリカについては、現在以上に関係が悪化するのを防止するとしつつ、経済力の拡充により「対米依存経済より脱却する」との方針だった。このことは大東亜協同経済圏の形成による自給自足体制の確立と、表裏の関係にあった。

イギリスについては、「英国および英系勢力を極東より駆逐する」と、はっきりと敵対的な姿勢を打ち出している。ただ、その実行には適切な情勢判断を要するとしている。イギリスをめぐる国際関係の変動を注視すべきだというのである。イギリスの勢力を東アジアから駆逐するという強硬な方針を、はっきりと明示している点が注意をひく。これは、イギリスが中国において最大の権益を有していたからだけではなく、蔣介石ら国民政府の主要な支援者と考えられていたからであった。

武藤らは、イギリスによる支援が、中国側の抗日姿勢を支える有力な要因になっていると判断していた。また、中国経済の日本によるコントロールを、イギリスが阻害してきていると考えられていた。したがって、イギリス勢力を中国全土から駆逐することが、この時点での武藤らの重要な課題の一つだった。

さらに、対英方針に関連して、対英政策は対米政策と「微妙な関連性」を有し、英米の関係に注意を払う必要がある、と指摘している。天津英仏租界封鎖問題で、アメリカが日米通商条約を破棄したことなどから、対英関係が対米関係に連動することを武藤らが警戒していたことがわかる。

天津英仏租界封鎖問題とは、日本軍がおもにイギリスの華北での影響力の封殺をねらって、天津英仏租界を封鎖し、日英間で紛争となった事件である。アメリカは、中国問題でイギリスが日本側にこれ以上譲歩しないようにとの意図から、日米通商条約を破棄した(一九三九年七月)。通商条約の無効化によって、アメリカは日本に経済制裁を科すことが可能になる。このことによって紛争中の日英に対して、日本に圧力を加え、イギリス側に心理的支援を与えようとしたのである。

ドイツ・イタリアについては、当面の欧州情勢の推移には拘泥せず、「従来の友好関係を持続」するとして簡単にふれるに止めている。かつての日独伊防共協定は、ソ連の日中戦争介入を背後から牽制することを主要な狙いとしていた。そのことは、必ずしも次期大戦において独伊と連携することを念頭に置いたものではなかった。ここでの「従来の友好関係」は、そのことをも含んでいた。

以上のような「総合国策十年計画」は、武藤自身が直接作成したものではないが、軍務局の最高責任者は武藤であり、その理論的中心人物であったことは確かである。したがって、個々の論点のオリジナルな考えは検討に加わった参加者によるものもあるだろうが、全体としては武藤自身が承認したものであり、武藤の考えでもあったといえよう。

二　「時局処理要綱」と対英米政策

さて、「総合国策十年計画」は、一九四〇年（昭和一五年）の六月中旬までにまとめられたが、検討にかなりの時間をかけたもので、作成に四、五ヵ月を要した。したがって、ドイツ西方攻撃開始（五月一〇日）後、パリ陥落（六月一四日）などの欧州情勢を、必ずしも反映したものとはなっていなかった。さらに六月二二日には、ついにフランスがドイツに降伏する。

このような国際情勢の激変を受けて、武藤ら陸軍中央は、七月三日、新たに「世界情勢の推移に伴う時局処理要綱」を決定した。

この「時局処理要綱」作成のきっかけは、六月頃、陸軍省軍務局の西浦進軍事課高級課員から参謀本部に対して、南方問題についての申し入れがなされたことに始まる。これは岩畔軍事課長の指示に基づくもので、世界情勢の激変にかんがみ南方問題について研究準備を進めるべき、との内容だった（『西浦進氏談話速記録』）。この申し入れの内容は、単に西浦や岩畔の発想によるものではなく、武藤軍務局長の意向を反映していた。この申し入れをうけ、参謀本部では、冨永作戦部長の指示により、荒尾《あらお》興功《おきかつ》作戦課員が原案を作成し、陸軍省部（陸軍省・参謀本部）の関係部局員による検討を経て成案となった（西浦・荒尾はともに永田生前からの統制派メンバー。省部実務トップの武藤軍務局長・冨永作戦部長も同じ）。

その内容は多岐にわたるが、概要は次のとおりである。

一、「世界情勢の変局」に対処するため、日中戦争を解決するとともに、「好機」を捕捉し、「対南方問題の解決」に努める。それに応ずる「戦争準備」は、おおむね八月末を目標としておこなう。

二、日中戦争の処理は、第三国の援蔣《えんしょう》行為を絶滅するなど、あらゆる手段を尽くして重慶政府を屈服させる。

三、外交は、「対独伊ソ施策」を重点とし、「独伊との政治的結束」を強化し、「対ソ国交の飛躍的調整」を図る。

四、好機における「対南方武力行使」に際しては、対象を極力「英国のみ」に限定し、香港およびマレー半島を攻略す。

五、「仏印」に対しては、援蔣行為を徹底的に遮断するとともに、日本軍の通過、補給、飛行場使用などを認めさせる。そのため状況により「武力」を行使する。

六、「蘭印」に対しては、しばらく「外交的措置」により重要資源確保に努める。しかし実現困難な場合、状況によっては「武力」を行使し、その目的を達する。

七、「対米戦争」は、つとめて「これを避くる」よう施策する。しかし、状況により戦争に至る場合もありうるので、その「準備」に遺憾なきを期す。

八、国内体制としては、新世界情勢に対応しうる「国防国家」の完成を促進する。そのため、「強力政治機構」の確立、対米依存経済の脱却などの実現を期す。

この文書は、当時の陸軍中央の包括的な戦略方針を示すものであり、これ以後の陸軍の戦略展開にとって最もベーシックな存在となる。また事実上、武藤がその作成プロセス全体をリードしており、その内容は武藤自身の考えでもあったといえる。それゆえ、この文書は、武藤の当時の構想を知る上でも重要なものであり、主要な点を少し詳しくみておこう。

イギリスの植民地をターゲットに

まず、国際情勢の変化に対応して、「好機」を捕捉し、「対南方問題の解決」に努める、との基本方針が示されている。

　南方問題解決のための「対南方武力行使」については、対象を「英国のみ」に限定し、香港および英領マレーやシンガポールを攻略することを意図していた。また、対米戦はできるだけ避けるよう施策するとされた。

　ここで注目すべきは、マレー半島やシンガポールなどイギリスの東南アジア植民地を主要ターゲットとした武力行使が明確に打ち出されていることである。しかも、イギリスのみに攻撃を限定し、アメリカからの軍事介入を避けることが可能だ、と考えられている。いわゆる英米可分の見方に立っていた。

　そして、その武力行使の「好機」とは、ドイツ軍のイギリス本土上陸、すなわちドイツのイギリス本土侵攻が想定されていた。したがって南方武力行使は、ドイツ軍のイギリス侵攻という国際状況の好機をとらえて、国策としての自給自足的な「大東亜新秩序」（大東亜協同経済圏）形成に積極的に乗り出そうとするものだった。東南アジアの英領植民地への武力行使はその第一歩と位置づけられていた。

　ただ、英米可分といっても、武藤らは、天津英仏租界封鎖問題でアメリカが日米通商条約の破棄を通告してきたように、英米が連動する可能性も念頭に置いていた。したがって、事態の進展によっては対米戦もありうるとして、そのための「準備」の必要性も指摘している。

「米国と戦争するは不可」

ただし武藤自身は、あくまでも「米国と戦争するは不可」との姿勢だった（『陸軍 畑俊六日誌』）。武藤は、アメリカとの戦争は、「一歩を誤ると社稷《しゃしょく》［国の存在］を危うからしめる」との認識に立っていた（石井秋穂「開戦に至る迄の政略指導」）。また、「日米戦えば、いかに考えてみても……日本に勝ち目はない」との言葉を残している（矢次『昭和動乱私史』下巻）。武藤の戦後の回想でも、「日米戦争は日本の自殺行為だ」と考えていたとしている（武藤『比島から巣鴨へ』）。

当時、日米の国力差は約一二倍程度と考えられていた。ちなみに、アメリカの一九四〇年の国民総生産（ＧＮＰ）は、一〇三〇億ドル。日本の同年の国内総生産（ＧＤＰ）は三九四億円で、ドル換算で約九〇億ドルである（いずれも、それぞれの政府発表）。国民総生産と国内総生産の相違はあるが、概数としては比較可能で、日米比は、ほぼ一対一二となる。

武藤ら陸軍主流は、日米戦争は国家総力戦となり、「国力戦」となることを十分承知していた。それゆえ大きな国力差のあるアメリカとの戦争は、可能な限り回避しようとしていたのである。

なお、武藤の腹心だった石井秋穂軍務課高級課員は、戦後の回想で、当時のアメリカの「国力」は、鉄（粗鋼）生産「八〇〇〇万屯《トン》」に代表される「天文学的数字」で明らかで、特に日米の国力比較はしなかったとしている（「石井秋穂大佐回想録」）。当時の日本国内の粗鋼生産高は約四〇〇万トンで、アメリカの二〇分の一程度であり、植民地・勢力圏（円ブロック）を入れても五三〇万トンで、アメリカはその十数倍だった。

ところで、武藤ら陸軍中央は、英米の密接な関係を十分承知していながら、この時点で、なぜ、イギリスとの戦争に限定し、アメリカが介入しないことが可能だと考えたのだろうか。なぜ、英米可分と判断したのだろうか。

それは、ドイツ軍の英本土上陸によってイギリスが一気に敗北すれば、アメリカ政府は、戦争準備態勢の未整備と、孤立主義的な国内世論のなかで、東南アジアへの軍事介入のチャンスを失う。また、英本国が崩壊すれば、その植民地のために、日本との戦争を賭してまでアメリカが軍事介入する可能性は少ない。そう考えられていたからである。アメリカ国内では第一次世界大戦で多大な犠牲者をだしたことから、ヨーロッパの戦争にふたたび介入することには慎重な意見が多かった。

南部仏印進駐に踏み込む

なお、蘭印（現インドネシア）についても、「外交的措置」により石油などの重要資源の確保に努めるとしていた。だが、それが困難な場合を想定し、状況によっては「武力」を行使することもありうるとされている。

蘭印の本国オランダはすでにドイツ軍に占領されていた。だが、オランダ政府自体は、イギリスに亡命するかたちで存続していた。したがって、蘭印当局が、イギリスと連携して日本への資源提供に難色を示す可能性があったからである。

武力行使の対象は、極力イギリス領に限定するとしながらも、石油資源などの確保のため、蘭印の対応によっては武力を行使することを視野に入れていたといえよう。

さらに、仏印（現インドシナ半島）についても、援蒋行為を徹底的に遮断するとともに、日本軍の補給、部隊通過、飛行場使用を認めさせるとしている。また、そのための武力行使の可能性も明示している。蒋介石政権への援助物資補給ルートの封止と、英領マレー・シンガポール・蘭印攻撃をにらんでのことであった。なお仏印は、フランスがドイツに降伏した後、ドイツの影響下にある仏ヴィシー政権の統治下にあった。

援蒋ルートの問題は、米英ソによる援蒋行為を遮断することによって、「重慶政府の屈服」を実現するための一手段として考えられていた。だが、仏印の位置づけは、援蒋遮断のみならず、南方武力行使のための攻撃基地としてのものだったのである。

また、これら南方問題の解決のためには、「独伊との政治的結束」を強化し、「対ソ国交の飛躍的調整」を図る、とされている。これは、関係者の証言や付属文書によれば、具体的には、南方武力行使に際して、独伊との軍事同盟や、ソ連との不可侵条約締結などが想定されていた。南方地域の処理について独伊の承認を取り付けるため、また南方進出時に北方の安全を確保するためだった。

六月中旬の「総合国策十年計画」では、独伊との関係について、「従来の友好関係を持続」するとの表現にとどまっていたものが、ここでは、軍事同盟にまで踏み込もうとしているのである。また、先にはふれなかったが、「総合国策十年計画」では、ソ連との関係についても、不可侵条約論などは抑制するとしていた。だが、ここでは、不可侵条約締結の可能性も念頭に置かれるようになっている。

つまり、武藤らは、六月中旬の時点では、欧州戦争不介入方針を前提に、欧州情勢に距離を置き、いわば一種のフリーハンドを維持しようとしていた。それが、七月の「時局処理要綱」では、はっきりと独伊にコミットし、対ソ関係の積極的安定化を図ろうとしているのである。明らかに英領植民地および蘭印への攻撃を念頭に置いた、南進のための布石だった。

大英帝国の崩壊を好機に、南方の英領植民地さらには蘭印を一挙に包摂し、自給自足的大東亜協同経済圏、大東亜生存圏の建設に踏み出す。そのために、イギリス本土に侵攻するドイツと密接な関係を結び相互了解をえるとともに、北方対ソ関係の安定を確保しようとしていたのである。日中戦争の解決もこのような戦略方向のなかに位置づけられていた。

なお、以上のような「時局処理要綱」の内容の原案は、おもに参謀本部作戦課で起案されたが、その原案作成にさいして、六月下旬、陸軍省軍務局の西浦進軍事課高級課員が「南方戦争指導計画案」を提示している（軍務局側から参謀本部への二回目の申し入れ）。その内容は、武力行使によってシンガポール、蘭印を攻略すること、攻撃は英蘭領にとどめ米領フィリピンには手を触れないことなどだった（『西浦進氏談話速記録』）。この南方武力行使、英米分離は、「時局処理要綱」の核心部分であり、それが武藤ら軍務局の考え方をベースとしていることが分かる。

独伊側の勝利を想定

ところで、「総合国策十年計画」では欧州大戦不介入の姿勢だったが、「時局処理要綱」では、はっきりと独伊との提携に踏み出している。

なぜ武藤らは、この時点で独伊との提携、対英戦争の方向に踏み切ったのだろうか（イタリアの参戦は一九四〇年六月一〇日）。

戦後の武藤の回想（『比島から巣鴨へ』）では、「時局処理要綱」の策定については言及がない。だが先にふれた西浦の「南方戦争指導計画案」において英領シンガポール攻略が明示されている。それからみて、この時点で武藤ら軍務局が、大戦不介入の姿勢から対英開戦（すなわち大戦介入）の方針に転換していたことは間違いない。したがって、欧州情勢への不介入、フリーハンドのスタンスから、イギリスと対抗する独伊との提携に踏み切ったのである。

この選択は、その後の日本の進路を決定する重要な要因となるが、そのような選択は、なぜなされたのだろうか。

前提として、武藤はかねてからこう考えていた。いずれ日本も世界大戦に巻き込まれることは避けられない。そのような事態に対処し、それを切り抜けるには、欧米列強のいずれかの国と提携しなければならない。次の世界大戦は、前の大戦と同様、複数の列国からなる連合間の戦争、すなわち同盟・提携関係を前提としたものになるからだ、と。このような見方は永田から継承したものだった。

そのうえで、武藤ら軍務局は、ドイツがフランスを屈服させ欧州大陸を支配下に置くこととなった情勢から、独伊側が勝利する可能性が高いと判断したものと思われる。西浦進、石井秋穂ら軍務局員も、当時ドイツ軍の英本土上陸によってイギリスは崩壊するとみていた、との趣旨の証言をしている（『大本営陸軍部　大東亜戦争開戦経緯』第一巻）。

ドイツは、オランダ、フランスを占領し、ソ連とも不可侵条約（一九三九年八月）を結び、提携関係にあった。スペインのフランコ政権にも独伊の影響力が及んでいた。そのような状況下で、ドイツ軍のイギリス本土侵攻は近いと考えられていたのである。

武藤自身も、「時局処理要綱」陸軍案の決定直後に、ドイツは「破竹の勢」をもって今まさに「大英帝国を一挙に屠《ほふ》らんとする態勢」にあると述べている（武藤「時局の展望と国防国家確立の急務に就いて」）。また、少し後の時期（翌一九四一年春）だが、「ドイツの対英作戦［は］……上陸作戦によって英本土の攻略までいくのではないかと思う」との発言を残している（武藤『日露戦争を回顧し現在の世界情勢に言及す』）。

この発言は、一九四〇年（昭和一五年）九月に、ドイツの英本土上陸作戦が一旦延期され、三国同盟が結ばれた後のものである。だが、西浦や石井ら武藤周辺の軍務局員の回想などから、「時局処理要綱」陸軍案の決定の頃にも、同様の考えだったと推測される。

なお、武藤と親しかった矢次一夫は、独英戦の行方に関する武藤の見方について、戦後こう記している。「当時駐英大使であった重光［葵《まもる》］……が、独軍の上陸作戦は……不可能に近いことを打電してきていたのを、武藤が読んで、情勢は慎重に見るべきことを、語っていた」（矢次『戦後動乱私史』中巻）。また武藤自身も戦後の回想で、「私は英独戦は持久戦化するものと判断し、ドイツの終局的勝利を疑っていた」（武藤『比島から巣鴨へ』）としている。

一部に、これらを重視する見方もある。だが、それらは戦後の回想であり、先の武藤自身による当時の論考での発言からして、ドイツの対英勝利を想定していたものと思われる。また、同様の見通しを軸とした「時局処理要綱」陸軍案作成に、軍務局長として深くかかわり、同意していることからも、そう推測される。これらの回想の資料評価には注意をすべきだろう。

参謀本部でも、沢田茂参謀次長（参謀本部の事実上の最高責任者）や冨永作戦部長をはじめ大多数は、武藤と同様に、ドイツの英本土上陸は成功し、イギリスは崩壊するとの判断だった。大島浩駐独大使や駐独武官から、近くドイツ軍の英本土上陸は実施され、イギリス崩壊は確実との情報（結局、上陸作戦は実現しなかった）が伝えられていたことも、武藤ら陸軍中央の判断の大きな要因となった。

海軍も「英米可分」に傾く

さて、その後、陸軍決定の「時局処理要綱」は、海軍側との協議のうえ、基本的な内容については、ほぼそのまま陸海軍案となった（七月一七日頃）。そして、第二次近衛内閣成立後の七月二七日、大本営政府連絡会議で採択された。海軍側からの修正は、南方武力行使の具体的な対象地域名の記載を避けるなど部分的なものに止まった。

かねてから海軍は、英米不可分の見方、すなわち英米の緊密な関係からみて、対英戦は不可避的に対米戦となるとの見地に立っていた。そして、対英米戦には自信がなく、したがって対英戦にも慎重な姿勢だった。

だが、「時局処理要綱」陸軍案の提示をうけ、「好機」が到来するならば、対英戦を辞さずとの姿勢となったのである。その「好機」とは、「ドイツ軍の英本土上陸にともない……大英帝国が崩壊するような場合」を意味した（『大本営陸軍部　大東亜戦争開戦経緯』第一巻）。それによりアメリカの国内事情などから英米可分の状況が生まれ、対米戦を避けながら、イギリス植民地を攻撃することが可能になるとの判断だった。

これは、武藤ら陸軍軍務局とほぼ同様の見方といえる。かねてから南進論に傾斜していた海軍は、陸軍が北方志向（関特演）から南方へと関心を転換させたことを歓迎し、その南方武力行使の方針を受け入れたのである。

少なくともこの時期は海軍も、状況によっては英米可分、との見方だったといえる。

その陸海軍原案作成直後の七月二二日、陸海軍首脳による懇談がおこなわれ、案の内容について意見交流がなされている。

そこで武藤軍務局長は、「独伊より軍事同盟を申し入れ来《きた》る時は受諾を要す」と発言した。だが、海軍から異論がだされ、陸海軍の合意事項としては、政治的同盟にとどめ軍事同盟は考慮する程度のものとされた。また、武藤は「対E［イギリス］はすなわち対A［アメリカ］なり」として、陸軍としても、対英処理に際し対米関係を慎重に考慮する姿勢を示している。さらに、対ソ国交調整についても、「不侵略まで行くは可」と発言しており、不可侵条約締結を念頭に置いていたと思われる。そのさい「独の力により調整打開を要す」とし、ドイツの仲介が必要としている（「世界情勢の推移に伴う時局処理要綱」（本冊）其の二、防衛省防衛研究所所蔵）。

この対ソ国交調整にさいしてのドイツ仲介への強い期待が、後述するように、三国同盟締結のさいの武藤の判断の重要な要因となる。

なお、この時、仏印に対する武力行使は、「支那事変処理を看板にする」との了解がなされた。すなわち、日中戦争の解決を、仏印進駐の名目にしようというのである。

一部に仏印進駐は、あくまでも日中戦争解決のため、すなわち援蔣ルート遮断のためだったとの見方がある。だが、それはいわば「看板」であって、実際には、英領マレーや蘭印など南方への勢力圏拡大のためでもあった。

このように「時局処理要綱」の主眼は、南方武力行使を軸とした対外政策にあった。

「近衛新党」への期待

他方、国内の体制についても、「時局処理要綱」は、基本的な政策方針を提示している。

陸軍案では、「国防国家」の完成と、そのための「強力政治機構」の確立など国家総動員関連の施策の実現を期すとされ、陸海軍案でも、ほぼそのまま踏襲している。これは「総合国策十年計画」で、「強固なる政治指導力」を確立し、「全国的国民総動員組織」を作り上げる、としていたことの延長線上にある。武藤が近衛に陸軍の要望として示した「総合国策基本要綱」では、「強力なる新政治体制」を確立することが記されている。近衛内閣の閣議決定「基本国策要綱」の内容も同様である。

この「強力政治機構」「強固なる政治指導力」の確立、「全国的国民総動員組織」の創出は、近衛文麿元首相周辺の新党結成の動き、新体制運動の積極的推進というかたちで実行されていく。

新党結成の動きは、一九四〇年（昭和一五年）三月頃からはじまっていた。現状では政権掌握の可能性がほとんど見えない各党は、近衛を党首として合同し、政権を掌握しうる一大政党を作ろうとした。近衛は、陸軍や元老、重臣にも受けがよく、政権の座に近い存在とみられていた。

近衛の周辺でも、木戸幸一元内相や有馬頼寧《よりやす》元農林大臣らが新党運動の動きを受け、積極的に対応していた。五月下旬、近衛、木戸、有馬は、新党樹立に関する覚書を作成。そこでは、新党結成、政権掌握に言及していた。近衛自身は、第一次近衛内閣（日中戦争期）の弱体の原因は強固な支持基盤がなかったことだとして、新党を自身の国民的支持基盤にしようと考えていた。ドイツの西方攻撃が五月上旬に開始され、オランダ、ベルギー、さらにフランスへと侵攻していた頃である。

六月上旬、武藤軍務局長は、「近衛公の出馬、新党の結成には軍を挙げて賛成にして、自分らはぜひともこれが実現するよう蔭ながら援助いたしたき考えなり」（「金光［庸夫《つねお》］・武藤軍務局長会談内容」『現代史資料』第四四巻）と述べている。近衛新党の結成を支援する旨を伝えたのである。

これは、「強固なる政治指導力」として近衛新党を想定していることを意味した。そして、第二次近衛内閣成立後の八月下旬に発足した、近衛を軸とする新体制準備委員会に、武藤軍務局長が常任幹事として陸軍側から参画する（海軍も同様）。武藤にとっては、強固な政治指導力としての親軍的な新党結成のためだった。

そして、近衛周辺の新党樹立の動きに応じて、政党の解党運動が起こり、七月上旬から九月中旬にかけて、ほとんどの政党が解党し、近衛新党への合流を目指した。

なお、先の「総合国策十年計画」には、全国的国民総動員組織創出のため、既存政党の発展的解消を図ることが記されていた。これ以前にも武藤は軍務局長として、議会でこう発言している。「もしも政党にして今日なおかつ党利党略にはしっている政党があるならば……この非常時局においては解散してもらわなければならぬ」、と（衆議院決算委員会、一九四〇年三月一九日）。かねてから武藤は既成政党の解消を考えていたのである。

ところが、その間、新党は天皇の統治権を制約する「幕府的存在」だとの批判を、保守系右翼勢力から受ける。それに近衛が動揺し、新党結成に消極的となっていく。

しかし、武藤は、あくまでも「強力なる政治的実践体の結集」を主張し、「一国一党」すなわち一党独裁による新体制の建設を推進しようとした。「強力な政治力をもつ組織」としての親軍的「党」を創設し、その「強力な指導」によって、国家総力戦に向けての新しい「国民運動組織」を作り上げようとしたのである（「新体制に関する近衛公爵声明文案」『現代史資料』第四四巻、『矢部貞治日記　銀杏の巻』）。

陸軍の政治的限界

では、なぜ武藤ら陸軍が新党を必要としたのだろうか。その理由は、陸軍それ自身の政治的限界にあった。

国民を総動員するためには、上からの強制だけでは十分ではない。国民の側からの自発的主体的な参加、協力を必要としていた。

しかし、陸軍そのものは、本来その役割を軍事面に限定した官僚制的な組織だった。したがって、それ自体では全国民の自発性を、一定の政治目的（国家総動員体制の構築）のために動員する組織とはなりえなかった。それゆえ、軍の基本政策を実行に移す強力な「党」と、その指導下に国家総動員のための国民的な運動組織を必要とする。そう武藤らは考えていたのである。これはドイツ国防軍にとってのナチス党の位置づけを想起させる。だから武藤は組閣人事などに介入し、政府に陸軍の意向を通すことには力を注ぎながらも、軍そのものが政治を行うことは避けていた。

ちなみに、八月下旬、武藤は陸軍省内の会議で、次のように発言している。

陸軍としては、「国防国家の完成」を図るため、「挙国一致の態勢」が必要と考えている。だが現状は、いたるところで相剋、争闘の様相を呈し、挙国一致の精神に欠けるところがある。今や、このような状況を「たたきなおし」て、新しい決意を「盛り上げ」なければならない。これには「政治のほかに頼るものがない」。一片の訓令や通達などで目的を達することはできない。「精神運動」というような空疎な指導ではなく、「強力な政治力をもつ組織を中心とした政治」によらなければ実行できないものである。この組織は「党」であってもいいが、「指導者組織による正しく力強い指導による党」でなければならない。したがって、現役軍人は党員となれない。在郷軍人も、個人としては入党しうるが、団体としては認められない、と（金原節三『陸軍省業務日誌摘録』前編）。

つまり、挙国一致による「国防国家の完成」のためには、軍の力では不十分で、強力な政治力・指導力をもつ組織（党）、それによる政治運動が必須だというのである。

だが、近衛は、一党独裁的な政党組織は天皇の統治権を制約し、国体に反するとの批判を恐れて、結局新党を断念。九月下旬、近衛内閣は、行政を補完する精神運動組織として大政翼賛会の設置を閣議決定。一〇月中旬、大政翼賛会が発足した。それは当初意図されたような政治団体ではなく、準公共団体的な公事結社とされた。当初新党結成をめざした新体制運動は、政治的指導力をもたない単なる精神運動組織としての大政翼賛会を生み出して終息した。武藤ら陸軍が望んだ、親軍的な「強固なる政治指導力」の創出は、ついに実現しなかった。

武藤ら陸軍中央は、親軍的新党による一党独裁によって、陸軍の望む国策を実現させようとしていた。そして、その党首の適任者は近衛以外に考えられなかった。高い国民的人気と現状打破的なスタンスをもち、陸軍にとって比較的御しやすい存在とみられていたからである。したがって、幕府的との批判をうけ動揺する近衛らに、武藤は、国民組織の「中核実践体」として「政治力の結集」をはかりうる強力な新党の創設を、執拗《しつよう》に働きかけた。しかし結局、近衛の変心によって、九月下旬には、武藤らの親軍的新党構想の実現可能性も消失したのである。

独英戦の長期化と英米不可分論

ところで、「時局処理要綱」陸軍案には、南方問題解決のための準備は、一九四〇年八月末頃を目標とするとある。これは、ドイツの英本土攻略をこの頃に想定していたからとみられる。

六月下旬のフランス降伏前後から仏空軍基地を使用できるようになったドイツは、七月中旬から本格的に対英航空攻撃を開始。イギリス本土上空で独英空軍が激突し、大規模な航空戦がおこなわれる。ただ、その後、ドイツは制空権を掌握できず、九月一七日、英本土上陸作戦の延期を決定。一〇月一二日、ヒトラーは、正式にイギリス本土侵攻を来春まで延期する命令を下す。

一般には、陸軍は英米可分の見方が強かったが、海軍は一貫して英米不可分の考え方であった、とする理解がある。しかし、すでにふれたように、少なくとも、「時局処理要綱」陸海軍案が合意され、大本営政府連絡会議で採択された七月下旬頃には、陸海軍ともに英米可分と判断していた。

だが、ドイツの英本土上陸作戦が延期されて以降、海軍は英米不可分の立場を明確に打ち出すこととなる。ドイツの英本土攻略が遠のき、独英間の戦争が長期戦の様相を呈してくると、対英戦へのアメリカの軍事介入は不可避として、英米絶対不可分論となった。海軍にとって、英米可分は、あくまでもドイツが短期戦によってイギリス本土侵攻に成功した場合を想定してのことだった。独英戦の長期化にともなって、従来の英米関係からして、対英戦は不可避的に対米戦となるとの判断となったのである。

これに対して武藤ら陸軍中央は、ドイツの上陸作戦延期後も、英米可分の見方を維持していた。再度の上陸作戦発動がありうると考えており、その際も、米の参戦は困難だろうと判断していたからである。

米内内閣を総辞職に追い込む

さて、「時局処理要綱」陸軍案作成時の政権は、一九四〇年一月に成立した米内光政内閣だった。海軍出身の米内は、独伊との軍事同盟に消極的であった。また、陸軍の希望する、国家総動員に向けての国内体制の整備も進捗しなかった。そこで、武藤ら陸軍中央は、前に述べた近衛新党の動きと連動するかたちで、畑陸相を辞任させ、後任の推薦を拒否して米内内閣を総辞職に追い込んだ。

この時（七月八日）、阿《あ》南《なみ》惟幾《これちか》陸軍次官が、木戸幸一内大臣を訪問し、後継の内閣首班には「陸軍は一致して近衛公の出馬を希望す」と陸軍の意見を伝えている（『木戸幸一日記』）。これは武藤ら統制派の意向に沿ったものだった。

当時、木戸内大臣が次期内閣首班候補を決定するうえで、重要な役割を果たしていた（内大臣が、首班候補を決定する権限をもつ重臣会議を事実上リードしていた）。その木戸に、後継首班として近衛を推しているのである。

その後、米内内閣の石《いし》渡《わた》荘太郎内閣書記官長も、原田熊雄に次のように話している。

〈「次官の阿南と武藤軍務局長との二人が自分の所に来て、『どうしても現内閣は円満に退いてもらいたい。……要するに近衛新体制を現実にするために、引退ってもらいたい』というようなことを言っておった。自分はこれを拒否したところが、次官と軍務局長は『それならば結局陸軍大臣を辞せしむるより途はない』と言いおいて帰って行った。」〉（原田熊雄『西園寺公と政局』第八巻）

武藤らが、米内内閣の総辞職をせまり、陸相の辞職による倒閣を示唆したとのことである。なお、海軍の高木惣吉も、「阿南次官、武藤軍務局長より石渡書記官長に陸軍の意向を申し入れしむ（内閣の辞職を慫慂《しょうよう》す）」との情報を記している（伊藤隆編『高木惣吉　日記と情報』上巻）。ただし、この武藤と石渡の会談に阿南が同席していたかどうかは議論があるが、ここでは立ち入らない。

近衛内閣で東条が陸相に

そして、七月二二日、第二次近衛文麿内閣が成立した（第一次は日中戦争期）。東条英機陸軍大臣、吉田善吾海軍大臣、松岡洋右《ようすけ》外務大臣などの布陣だった。

東条は、一夕会・統制派メンバーで永田の腹心として知られ、当時の統制派系では最年長で最上級の将官（中将）だった。永田の生前、参謀本部編制動員課長、軍事調査委員長など要職についていたが、皇道派との派閥抗争のなかで、一九三四年（昭和九年）陸軍中央から離れた。

東条はその後、歩兵第二四旅団長などを務めた後、満州の関東憲兵隊司令官、関東軍参謀長を経て、一九三八年（昭和一三年）陸軍次官となった。この次官就任は、一面では、陸軍中央の統制派系幕僚たちの働きかけによるものだった。第一次近衛政権の内閣改造によって陸相となった石原系の板垣征四郎の動きを封じることを期待されてのことである。

近衛首相も、石原系の板垣に統制派の東条を配して、石原系と統制派系のバランスをとり、その微妙な力関係を利用して、陸軍をコントロールすることを念頭に置いていた。

だが板垣陸相は、東条や統制派系幕僚に掣肘《せいちゅう》され、近衛の期待するような働きはできなかった。なお、板垣は石原を次官にとの意向をもっていたようであるが、これは統制派系の発言力が強くなった当時の陸軍内の状況では実現の余地はなかった。

その後、東条は陸軍航空総監に転じ、そして陸軍トップの陸軍大臣に就任したのである。武藤ら統制派系幕僚の強い働きかけがあってのことだった。

近衛内閣成立後の七月二七日、大本営政府連絡会議で「時局処理要綱」陸海軍案がそのまま採択された。同日、天皇に上奏され、二九日に裁可。「時局処理要綱」は正式に国策となった。

なお、大本営政府連絡会議とは、日中戦争の本格化により、陸海軍と内閣との連絡調整機関として創設されたもので、国家レベルでの事実上の最高指導機関だった。

この「時局処理要綱」が国策として決定される経緯をみると、大本営政府連絡会議は、陸海軍案をそのまま決定しており、陸海軍案も基本的には陸軍案を踏襲している。つまり武藤らの陸軍案がベースとなっているのである。

「時局処理要綱」は国家としての戦略や外交の基本方針を定めたものであるにもかかわらず、外務省や内閣が提案したものではない。彼らは軍部（陸海軍）が作成した案をそのまま受け入れており、その原案は陸軍が作成したもので、基本的にはそれが陸海軍案に引き継がれた。

この時期の政治（国政）を主導しているのが陸軍であったことが分かる。その実質的な中心にいたのが武藤軍務局長だった。

そして、「時局処理要綱」で外交上の重点とされた、「独伊との政治的結束」の強化、「対ソ国交の飛躍的調整」は、それぞれ日独伊三国同盟（一九四〇年九月）、日ソ中立条約（一九四一年四月）として実現していく。

第三章　対米戦回避と日独伊ソ四国「連合」構想

一　三国同盟――対英から対米へ

ヒトラーは、一九四〇年（昭和一五年）九月一七日、英本土上陸作戦の延期を決定したが、その一〇日後の、九月二七日、日独伊三国軍事同盟が締結された。

これにより日本政府（近衛内閣）は、独伊側にたって欧州戦争に本格的にコミットする姿勢を、内外に表明した。

この三国同盟締結は、必ずしも陸軍がリードしたものではなく、近衛首相の支持を受けた松岡洋右外相が主導しておこなわれた。だが、武藤ら陸軍中央も、それを容認していた。彼らは、南方武力行使の際には独伊との同盟が必要と判断していたからである。

ヒトラー

三国同盟の成立過程は、歴史的に極めて重要な意味をもっているので、それについての武藤ら陸軍の動きを、少しさかのぼって詳しくみていこう。

一九四〇年七月中旬（米内内閣時）、対独伊提携強化について、外務省案（有田八郎外相）をもとに、外務・陸海軍間の実務レベルでの協議がおこなわれた。独伊との政治的結束強化の方向をうちだした「時局処理要綱」陸軍案の決定後、陸海軍案の決定前後の頃である。

そこで、陸軍側から派遣されていた陸軍省軍務局の高山彦一軍務課外交班長は、次のような発言をしている。

日独の提携強化によって、「仏印、蘭印が日本の生存圏内にあることを［ドイツに］認めしめ、それらの地方の日本の政治的指導を認めしむ」べきである。「政治的指導」の意味は、最も強くは「占領」を含むが、今すぐに占領を考えているわけではない。しかしドイツには、なるべく「強き政治的指導権」を認めさせるようにしたい。ドイツに対して、「できうるかぎり［日本の］強き仏印、蘭印の指導権を認めしめることが必要だ」と（「日独伊提携強化に関する外務・陸軍・海軍間の事務当局協議録」『日本外交文書　日独伊三国同盟・日ソ中立条約』）。

ドイツに、仏印・蘭印での日本の強い政治的指導権を認めさせたい、というのである。

高山は、陸軍の外交担当部局である軍務局を代表して出席しており、その発言の基本ラインは、武藤ら軍務局の意向に沿ったものだった。

七月二二日、米内内閣にかわって、第二次近衛内閣が成立する。それに先だつ七月一九日、組閣の大命をうけた近衛は、東条英機、吉田善吾、松岡洋右を東京荻窪の私邸「荻外荘《てきがいそう》」に招き、いわゆる荻窪会談をおこなった。東条は陸相に、吉田善吾は海相、松岡は外相に予定されていた。

そこで、概略、次のような内容の「対世界政策」が合意された（原案は松岡起草）。

一、世界情勢の急変に対応し、かつ速やかに東亜新秩序を建設するため、日独伊枢軸の強化を図る。
二、対ソ関係は、日ソ不可侵協定を締結し、かつ懸案の急速解決を図る。
三、東亜および隣接地域の英仏蘭植民地を東亜新秩序の内容に包含する。
四、米国とは無用の衝突を避けるが、東亜新秩序の建設への米国の実力干渉は排除する。

すなわち、日独伊提携強化、対ソ関係の安定、南方進出が意図されていた。

この「対世界政策」の内容について、原案起草者とされる松岡の独創によるプランとする見方がある。だが、これらは武藤らの「時局処理要綱」陸軍案（七月三日）に含まれていた内容で、大本営政府連絡会議（七月二七日）での提案前に、それを先取りしたものだった。

近衛や松岡は、「時局処理要綱」の主要部分を、組閣前に四相会議の出席予定者で合意し、陸軍の先手を打って政局の主導権を握ろうとしたと思われる。原案を示した松岡が「時局処理要綱」陸軍案の内容を知りえた情報ルートについては、正確には判明していないが、近衛もしくは陸軍関係者から入手したと考えられる。

近衛自身は、組閣前に、武藤から「総合国策基本要綱」を手渡されたとき、「時局処理要綱」の内容についても、何らかのかたちで説明を受けていたものと推測される。米内前首相が畑陸相から提示された覚書に、すでに「独伊との政治的接近」「政治体制の強化」など「時局処理要綱」の骨子が含まれていた。そのことからも、陸軍の推す近衛には大命降下前後にその内容が示されていたとみるのが自然だろう。

日独伊ソの四国連合構想

七月二七日、陸軍は「日独伊提携強化に関する件」と題する案を外務省に示した。そこでは、ドイツから対英参戦を要請された場合は、「原則としてこれに応ずる用意がある」とされている。対英軍事同盟の性格を明確に打ち出したのである（大久保達正ほか編『昭和社会経済史料集成』第一〇巻）。

ただ、「武力発動の時期は、（一）対ソ安全感、（二）支那事変処理の進捗、（三）生産拡充の確立等により制約せらる」としている。つまり、実際の武力行使については、事実上日本側の事情によりこれを決定する方向が記されており、いわゆる自主的参戦論だった。

なお、陸軍案で注意を引くのは、対米政策として、ソ連を誘い「世界三分野」の政治的、経済的「連合」により、アメリカに圧力を加えるとしている点である。

そこでは、「世界が、東亜、ソ連、欧州、および米州の四大分野に分かるるを予見せらる」として、「ソ連を……日独伊共通の立場に副うごとく利導」することが主張されている。そのうえで、次のように述べている。

〈米国に対しては、ソ連をも誘致し、世界三分野の政治的、経済的連合により、所要に応じ米国に対し圧迫を指向し得るの態勢を構成し、もって帝国の主張を貫徹するに寄与せしむるごとく策す〉（「日独伊提携強化に関する件」）

ここでいう「世界三分野」とは、日本が主導する東亜と、独伊が主導する欧州、およびソ連圏を意味する。つまり、日独伊ソ四国の「連合」により、アメリカを威嚇《いかく》し、その介入を抑えて、日本の国策を実現しようというのである。この議論は、注目すべき内容だといえる。日独伊ソによる四国連合構想が、明示的に打ち出されているからである。

この陸軍案は、軍務局から正式の陸軍側提案として提出されたもので、当該部署の責任者である武藤も同意したものであり、武藤の考えでもあったと思われる。

少なくとも武藤はじめ軍務局は、この時点ですでに、日独伊提携強化と日ソ提携を結合させ、日独伊ソの四国連合による対米牽制を志向していたのである。

近年、日独伊ソ四国連合構想について、しばしば議論がなされているが、公式文書における四国の「連合」という表現の存在に言及したものは、ほとんどみあたらない。

また、一部に、対独伊提携強化論と対ソ国交調整論はあくまで別々のものとして当時位置づけられており、日独伊ソ四国の提携構想はまだ存在しなかったとの見方がある。だが、それは正確ではないといえよう。

松岡外相による重大な変更

さて、八月六日、陸軍案に一部修正が加えられ、対英軍事同盟の性格をもった外務陸海軍三省案が実務レベルで作成された。

だが、これは松岡外相によって大幅に修正され、九月四日、松岡主導で「軍事同盟交渉に関する方針案」が作られた。そこでは軍事同盟の対象として、イギリスとともに、新たにアメリカが加えられていた（「軍事同盟交渉に関する方針案」別紙四『昭和社会経済史料集成』第一〇巻）。

つまり、松岡によって、それまでの対英軍事同盟案から対英米軍事同盟案へと変化させられたのである。これは軽視しえない変更だった。アメリカが日独伊の軍事同盟の対象となったからである。八月六日案（対英軍事同盟案）も松岡外相の意向を受けて作成されたものだったが、松岡はそれをさらに修正して、九月四日案では明確な対英米軍事同盟案としたのである。

日独伊三国軍事同盟の基本的骨格は、一九四〇年（昭和一五年）九月九日、一〇日の松岡・スターマー会談で決められた（スターマーは三国同盟締結のためのドイツ特使）。

松岡・スターマーによる三国同盟案は、九月一二日、四相会議（首相・外相・陸相・海相）に提起され、及川《おいかわ》古《こ》志《し》郎《ろう》海相（吉田の後任）は留保したが、東条陸相は同意した。

では、当初アメリカを刺激することを避け、対英軍事同盟を考えていた武藤ら陸軍は、なぜ松岡の対英米軍事同盟案および松岡・スターマー案に同意したのだろうか。

東南アジアとソ連をにらんだ同盟

武藤ら陸軍は、ドイツの欧州大陸での電撃的な勝利から、イギリスをも屈服させる可能性が高いと判断していた。したがって、東南アジアのフランス領（仏印）のみならず英領植民地やオランダ領（蘭印）を勢力圏とするには、ドイツとの提携が必要だと考えていた。しかし、ドイツ側は、対英軍事同盟では無意味であり、対米軍事同盟を求めてきた。武藤らにとって、資源確保のため東南アジアの支配権をドイツ側に認めさせることは絶対に必要なことだった。したがって、対米軍事同盟案であってもドイツ側の要請を受け入れざるをえなかったのである。

それのみならず、武藤らは、ドイツの仲介によるソ連との関係改善を期待していた。

ドイツ側はすでに独ソ不可侵条約締結後まもなく、日独伊の同盟締結をあらためて提起するとともに、「日本側が希望するならば、日ソ間の仲介をする用意がある」との意向を日本側に示していた（「大島大使から有田八郎外相宛」『外務省記録・三国同盟交渉資料』外交史料館所蔵）。

スターマーも、松岡との会談で、ドイツは日ソ関係改善の「正直なる仲買人」となる用意があると述べており、そのことが陸軍側にも知らされた。

武藤ら陸軍首脳部は、南方武力行使を実施するには北方の安全を確保しておく必要があると考えており、対ソ関係の安定化は必須のことだった。たとえば武藤は、三国同盟締結前の同年六月、駐日ドイツ大使館付駐在武官に、南方進出との関連で「日本陸軍はソ連との国交調整を必要と考えている」と伝えている（細谷千博『両大戦間の日本外交』）。

このように、武藤らは、かねてからソ連との不可侵条約の締結を望んでいた。だが、ノモンハン事件停戦後も実現の見通しは立たなかった。それを、ソ連との提携関係にあるドイツの仲介によって、実現させようとしたのである。それが、対米軍事同盟を望むドイツとの同盟締結を優先させ、松岡案を受け入れた理由の一つだった。

それに加えて、日独が提携し、さらに日ソの提携が実現すれば、日独伊ソの提携によってアメリカはヨーロッパとアジアから切り離される。いわば南北アメリカに封じ込められ、孤立するかたちになり、対独参戦も対日圧迫も困難になるだろう。武藤らはそう判断していた。そのことは、先にふれた七月二七日陸軍案「日独伊提携強化に関する件」(日独伊ソ「連合」案)からも推測される。

こうして武藤ら陸軍首脳部はドイツとの対米軍事同盟にふみきったのである。

二　対ソ関係とアメリカの反応

一九四〇年(昭和一五年)九月二七日、日独伊三国同盟条約が調印された。

その要点は、以下の四点だった。

一、日本は欧州新秩序建設における独伊の指導的地位を認め尊重する。

二、独伊は大東亜新秩序建設における日本の指導的地位を認め尊重する。

三、三国は互いに協力し、三国中いずれかの一国が現に欧州戦争または日中紛争に参入していない国によって攻撃された時は、三国はあらゆる政治的、経済的および軍事的方法により相互に援助する。
四、本条約の諸条項は、三国のそれぞれとソ連との間に現存する政治的状態に何らの影響も及ぼさない。

ここで、欧州戦争または日中紛争に参入していない国とは、具体的にはアメリカとソ連をさすが、四でソ連は除かれている。したがって、この同盟がアメリカへの対抗を想定した対米軍事同盟であることは、名指しはしていないが明瞭に表明されている。それがドイツのねらいだった。

陸軍にとっても、二で東南アジアも含めた「大東亜」の指導権を独伊に認めさせ、東南アジア支配のドイツによる承認という同盟締結の一つの目的は達せられた。

武藤は戦後の回想でこう述べている。

〈九月二十七日、三国同盟を締結した。この条約文は締結前に内閣の議に上《のぼ》り、陸軍大臣にも示され、したがって私も読んだのであるが、松岡外相の全責任においてなされた……条約文に……大東亜圏の思想が織り込まれ、これを独伊に了得せしめた点は特に松岡外相の会心事であった。〉（武藤章『比島から巣鴨へ』）

次に期待されたのは対ソ国交調整へのドイツによる仲介だったが、これについては、三国同盟条約締結時の交換公文で、「力の及ぶ限り友好的了解を増進することに努め……周旋の労をとる」と定められた。

条約締結の翌日（二八日）、陸軍省局長会議（正式には局長会報）で、武藤軍務局長は次のように述べている。

〈日独伊条約は……米国を目標としてある。……ドイツ側は米国の欧州戦参加を阻止し、日本［にとって］は……日米衝突を……阻止するか、あるいはこれを収拾する力となるべし。……本条約は日米戦を目的とするのでなく、あくまでこれを回避するのを目的としている。〉（金原節三『陸軍省業務日誌摘録』前編）

三国同盟は、対米戦のためではなく、あくまでも日米戦争を回避するためだというのである。

また、この発言の最後に武藤は、今後「ソ連との国交調整」が予想されるとしている。三国同盟締結によって、ドイツを仲介とする対ソ国交調整が進展することを期待していたことが分かる。

ちなみに、武藤は、三国同盟のみではアメリカの対日行動を牽制しえず、むしろ対日態度は硬化するだろうとみていた。二八日の陸軍省局長会議で、条約締結による「米国のわれに対する経済圧迫は、万策を講じてこれを避けねばならぬ」と述べ、アメリカの対日経済制裁強化を警戒している。

ドイツにとっては、三国同盟それ自体が重要な意味をもっていた。ドイツはアメリカの軍事的脅威、すなわち対独参戦の危機に直面していた。したがって、日本との軍事同盟はアメリカを太平洋側から牽制する有効な手段として位置づけられていた。

だが日本は、アメリカからの経済制裁を受けてはいたが、なお原油・屑鉄など最重要な戦略物資はアメリカから輸入可能な状態にあり、必ずしも対米戦争に直面しているわけではなかった。したがって、アメリカに対して、軍事的対抗姿勢を明らかにする必要性には迫られていなかった。また、日本にとっては、ドイツとの軍事同盟が直接アメリカの行動を抑制する効果をもつとはみられていなかった。

「三国同盟＋ソ連」の効果

にもかかわらず、なぜ武藤は三国軍事同盟の締結を望んだのだろうか。

武藤は、三国同盟のみでなく、それにソ連との提携が加わることによって、はじめて対米牽制効果を期待しうると考えていたのである。

三国同盟締結後の論考のなかで武藤は、次のように「ロシアとの提携」の必要に言及している。

〈吾々は……ソ連をしてなるべく枢軸側に協力させるように努めなければならない……吾々はあくまでも自給自足の共存共栄圏を作らなければならない。それがためには……南方の資源を獲得することが必要である。……この企図を遂行しようというならば、一時ロシアの方面との国交を調整しなければならない……南方発展のために一時ロシアとの提携ということが起こりうる〉（武藤「国防国家完成の急務」）

ここでの対ソ国交調整の必要は、南方発展の文脈で、すなわち南方武力行使のさいの北方の安全を確保する意味で主張されている。だが、先の陸軍案「日独伊提携強化に関する件」にみられるように、三国同盟に対ソ提携を加え、日独伊ソの政治的、経済的「連合」すなわち四国連合による対米牽制、南方武力行使（対英戦）時などでのアメリカの参戦阻止を意図するものでもあった。したがって、ここでも、単なる北方国境の安定、すなわち相互不可侵だけでなく、「ロシアとの提携」と表現している。武藤は戦後の手記で、「元来三国同盟の目的は……日独伊の同盟にソ連をも加入せしめ、この一連の枢軸によって、米国の戦争加入をも阻止し、日支事変を速やかに解決せんとの企図であった」としている（武藤『比島から巣鴨へ』）。

この日独伊ソの提携、すなわち四国「連合」構想の提起が、「大東亜生存圏」の設定とともに、武藤が果たした、歴史的に重要な役割の一つといえるだろう。

ちなみに、当時の日独伊ソ各国の国力をみると次のとおりである。

一九四〇年（昭和一五年）の日本の国内総生産（ＧＤＰ）は三九四億円で、ドル換算で約九〇億ドル。イタリアの国民総生産（ＧＮＰ）は一九五〇億リラで、ドル換算で九九億ドル。ソ連の国民総生産（ＧＮＰ）は三一六〇億ルーブルで、ドル換算で六三一億ドル。一九三八年のドイツの国民純生産（ＮＮＰ）は九八〇億マルクで、ドル換算で三九二億ドル（いずれも各国政府発表。ドイツは一九三九年以降発表せず）。

国内総生産（ＧＤＰ）、国民総生産（ＧＮＰ）、国民純生産（ＮＮＰ）と基準は異なるが、概略的には国力を表す数字とみていいだろう。日独伊ソの合計はドル換算で一二一二億ドルとなる。

一方、一九四〇年のアメリカの国民総生産（ＧＮＰ）は一〇三〇億ドル。イギリスの国内総生産（ＧＤＰ）は六七億ポンドで、ドル換算で二七〇億ドル。米英で合計ドル換算で一二七四億ドルである（いずれも米英政府発表）。これも基準は異なるが、大まかには国力として比較可能だろう（『マクミラン新編世界歴史統計』）。

つまり、日独伊ソ合計で一二一二億ドル、米英合計で一二七四億ドルとなり、ほぼ拮抗《きっこう》する数字となる。これに類する比較を陸軍や企画院がおこなったという記録は残されていない。また、武藤ら軍務局もだいたいのところは念頭に置いていたかどうかも分からない。しかし、日独伊ソの四国連合で英米に対抗するという図式は、国力比較としては、それほど荒唐無稽なものではなかったといえよう。

独米戦争は「傍観すべき」

武藤の三国同盟に対する態度を簡単にまとめれば、こうである。

南方武力行使にさいして、東南アジアのイギリス領やオランダ領（蘭印）、フランス領（仏印）の資源確保のために、ドイツとの軍事同盟が必要だ。また、ドイツは欧州大陸での電撃的な軍事的勝利から、イギリスをも屈服させる可能性が高い。さらに、ドイツの仲介によってソ連との提携も実現できる。そうなれば、アメリカはヨーロッパとアジアから切り離され、南北アメリカに封じ込められ孤立するかたちになる。そして、南方武力行使の際のアメリカの介入を阻止できる。また、南方武力行使の際の背後（北方）の安全も確保できる。そう考えていた。それが武藤が独伊との軍事同盟にふみきった理由だった。

したがって、武藤の真のねらいは、三国同盟を日独伊ソの四国連合に展開させ、それによって日本の国策遂行に対するアメリカの介入を押し止めることにあった。

ところで、三国同盟締結のさい、海軍は、独米開戦から自動的に日米戦となることを恐れ、危惧していた。九月一二日の四相会議で及川海相が留保したのは、この理由からだった。

武藤も、三国同盟は、アメリカとの戦争を目的とするものではなく、戦争を回避するためだとしており、また、対米戦を極めて危険視していた。したがって、もし独米戦争となった場合、自動的に対米参戦することを考えていたわけではなかった。

条約締結翌日の九月二八日、武藤は陸軍省局長会議で、条約締結にふれ、特にこう発言している。「本条約の発動に関しては、自動的によるか、あるいは一定の条件の下においてするかは、［日独伊合同の］専門委員において決定し、これをそれぞれの政府に移し決定することとなる」（金原『陸軍省業務日誌摘録』前編）。武藤も、独米戦となった場合に、日本としてどのような態度をとるのか、あらためて検討されるとの認識だった。

のちに軍務局でも、アメリカの対独参戦の場合の対応について討議しているが、そこでは、「当面情勢を傍観すべき」との結論に至っている（「石井秋穂大佐回想録」）。

ここでの武藤ら軍務局の態度、すなわち情勢を「傍観」するとは、具体的にどのようなことを意味しているのだろうか。

日独伊ソの四国連合によってアメリカの動きを抑えようとしている武藤ら軍務局にとって、実際に独米戦となった場合、ソ連の動きが重要な意味をもっていた。

情勢を傍観するとは、もちろん独伊と英米の間の戦局の動きに関与せず、その推移を見守ることを意味している。ただ、独英戦にアメリカが参戦すれば、戦争は長期化することになり、仮に独伊が優勢となっても、ドイツの英本土上陸の時期も遠のく。また独伊が劣勢となる場合も考えられる。

そこで問題となるのは、ソ連の動きである。ソ連がドイツ側に立って関与してくれば、それに日本が加わると、アメリカ・イギリスに対して日独伊ソの四国提携が成立する。そうなれば、その圧力でアメリカ参戦の程度に制約を加え、ドイツの早期対英勝利の可能性も生まれる。

だが武藤のみるところ、英米両国は、「ソ連邦をして英米陣営に引き込もうと努力し」ている。したがって、日本としては、ソ連に対して、「独伊両国とともに、あるいは利をもってこれを誘い、あるいは力をもってこれを嚇《おど》かし、ソ連をしてなるべく枢軸側に協力させるように努めなければならない」（武藤「国防国家完成の急務」）というのである。

このように武藤らは、アメリカの対独参戦の場合は「傍観」するしかないとしながらも、ソ連を三国同盟側に引き入れるような働きかけは必要だ、と一貫して考えていた。

対ソ国交調整の実現をめざして

このような経過をへて、九月一四日の大本営政府連絡懇談会（連絡会議に準じるもの）で三国同盟は承認をえた。その後、一六日の閣議、一九日の御前会議で同盟締結が正式に決定。二六日の枢密院審議での条約締結承認をへて、九月二七日、日独伊三国同盟条約が締結された。自動参戦の回避については、攻撃を受けたかどうかは三国間の協議により決定するとの趣旨の交換公文が交わされた。

武藤ら陸軍中央からみた三国同盟のメリットとデメリットを整理しておこう。メリットとしては、第一に、東南アジアを含めた「大東亜」の指導権（支配権）をドイツに承認させたこと。第二に、ドイツの仲介によって対ソ国交調整への糸口をつかんだこと。さらに、第三に、日独伊ソ四国連合による対米牽制、アメリカの参戦阻止の可能性が現実化してきたこと。これらは、武藤ら軍務局が望んでいた、日本、独伊、ソ連が主導する「世界三分野の政治的、経済的連合」に大きく近づくことだった。

だが、同時にそれはデメリットとして、独米戦突入が日米戦へと連動していく危険性をはらんでいた。また直接には、アメリカの日本への反発、対日圧力強化の強い蓋然性《がいぜんせい》をともなうものでもあった。

しかし、ドイツの仲介による対ソ国交調整が実現すれば、武藤ら軍務局および陸軍中央の戦略にとって大きなメリットがあった。

その第一は、北方の安全確保が実現することによって、「大東亜生存圏」形成のための南方武力行使が実際に可能になることである。第二に、ソ連の対中援助（新疆《しんきょう》ルート）を抑制させる。また、中国国内での国民党と共産党の離間、抗日勢力分断の可能性が生じる。第三に、三国同盟と相まって日独伊ソの四国連合が形成され対米牽制力が格段に強化される。武藤らはそう考えていた。対ソ国交調整問題はそれだけ重要な意味をもっていたのである。

一部に、後述するリッベントロップ腹案（日独伊ソ提携案、一一月）が日本側に示されるまでは、陸軍をはじめ日本側には日独伊ソ四国の提携構想はなかったとの見方がある。日独伊三国提携と対ソ国交調整はそれぞれ別個のものとして考えられていたというのである。だが、先にふれた七月二七日の陸軍案（日本の支配圏、独伊の支配圏、ソ連圏の政治的、経済的連合案）やこれらの武藤の発言からみて、それは正確でないといえよう。

このあと武藤ら陸軍は、「時局処理要綱」にもとづいて、南方進出のための具体的な施策の策定・実施と、対ソ国交調整の実現をめざし動いていくことになる。

武藤の国際情勢認識

さて、三国同盟成立後、武藤は、日本をとりまく国際情勢について、一九四〇年一一月に発表した「国防国家完成の急務」で次のような認識を示している（一部はすでに引用した）。

時代は今や「大転換期」をむかえている。日独伊は連携して、英米仏などに支配されていた

「旧世界秩序」を転覆し、「世界の新秩序」を建設しつつある。

〈世界大戦は今や大転換期に遭遇している。……東洋においては我が大日本帝国の聖戦、欧羅巴《ヨーロッパ》においては独伊が世界変革の戦争をなしつつあって……相関連《あいかんれん》して世界の新秩序を建設しつつあるのである。……吾々の今の戦いの勝利は……久しく英米仏等によって代表せられ、かつ支配せられていた、旧世界秩序を転覆《てんぷく》し、その行き詰まっていた文明を克服……する〉

日独伊は、「新たなる原理」によって、世界を創成しようとしている。日本は、このような世界史的な転換のなかで、好むと好まざるとにかかわらず、「大変局」に直面している。

〈日独伊等の新興国家群による勝利は、すなわち政治、経済、思想、文化等の全面にわたって、新たなる原理によって世界を創成せんとするものである。したがって、帝国また右の如き世界史的の転換の真只中に立って好むと好まざるとに拘わらず、有史以来の大変局に直面しているわけである。〉（同右）

そのようななか、今や英米の反日的態度は先鋭化し、両国は緊密な連携のもと、対日攻勢を策しつつある。ソ連を英米陣営に引き込もうとし、重慶政府を援助して日本への抗戦を続けさせようとしている。また、イギリスの影響力の及んでいるタイや蘭印をも、日本に対抗するよう使《し》嗾《そう》している。

ソ連は、英米と日独伊の間で中立的態度をとっている。これを、独伊と共同で枢軸側に協力させるよう努める必要がある。もちろん、その全世界に対する赤化宣伝への警戒は忘れてはならない。

だが、日本は、あくまでも「自給自足」の経済圏を作らねばならず、「南方の資源」の獲得が必須である。それにより「大東亜生存圏」を確立しなければならない。したがって、ソ連との国交を調整し、南方発展のために一時ソ連との「提携」を考えなければならない。また、ソ連の対中援助の影響は大きく、それを断つためにも、ソ連との国交調整が必要である。

〈吾々はこのロシアの態度に対しては、独伊両国とともに、あるいは利をもってこれを誘い、あるいは力をもってこれを嚇かし、ソ連をしてなるべく枢軸側に協力させるように努めなければならない……ロシアの方面との国交を調整し……一時ロシアとの提携ということが起こりうる〉（同右）

こうした三国同盟およびソ連との提携によって、なるべくアメリカを反省させるようにしなければならない。そして、日独伊ソ四国の連合によってアメリカに対処することが必要である。「自ら好んで［アメリカと］戦《いく》さをするにはおよばない」が、最悪の場合でも、断然これと対抗するだけの準備は整えておかなければならない、と。

アメリカ封じ込めと「大東亜建設」

武藤はまた、「国防国家完成の急務」で次のようにも述べている。

アメリカは「物資と財力においては世界第一」であり、現在、国防国家体制の整備を進めている。少なくとも百万の将兵一人一人に機械化装備（自動小銃など）を与え、年間五万機の航空機を製作しようとしている。その軍事費は約一四〇億円に達するもので、日本では「考えられない」ことである（当時の日本の軍事費は約二〇億円）。

しかも事態は決して楽観を許さない。ひとたび対処を間違えれば、「日米戦争」を招くことになる。このような状況下において、国是としての「大東亜建設」を遂行していくには、国防国家体制を整え、強力に国策を遂行していかなければならない、と。

すなわち、日独伊三国とソ連の連繋による圧力で、アメリカの介入を阻止し、日米戦を回避しながら、大東亜生存圏の建設を実現すべきだというのである。先にみたように武藤は、三国同盟について、日米戦争を目的とするものではなく、それを回避するためのものだと位置づけていた。日中戦争、南方武力行使（対英戦）に加えて、圧倒的な国力差のある対米戦となることは、武藤としても何としても避けたい事態だった。

また、一九四一年（昭和一六年）初頭、武藤は、今後の国際情勢の大きな方向性について、こう論じている。

世界は、日中戦争、欧州戦争、そして「新旧」両勢力の対立によって、今や「世界大動乱」へと進もうとしている。

〈四周を見渡せば、客観的世界情勢はただならぬ超非常時の坩堝《るつぼ》と燃えている。東に支那事変、西に欧州戦争が展開せられ、……世界勢力を新旧の分野に対立せしめ、今や世界大動乱への驀《ばく》進《しん》は、好むと好まざるとにかかわらず、不可避の観がある。〉（武藤「新東亜建設と太平洋」『東京朝日新聞』一九四一年一月一日）

近年の世界の趨勢をみるに、世界は四つのブロックに編成されようとしている。それは、アメリカを中心とする南北アメリカ大陸と、独伊の指導するヨーロッパ圏（アフリカを含む）、欧州・アジアの北方領域を占めるソ連邦、そして日本がリードする大東亜共栄圏である。

〈両三年前よりの世界大勢の趨《おもむ》くところを観察するに、米大陸においては、北米合衆国が中心となって西半球二十一ヶ国を連ねた大同団結を結成せんとし、欧州においては、独伊両国が指導的立場をとって所謂《いわゆる》欧州新秩序を創成せんとし、さらにソ連邦は、欧亜北方にまたがる一大ブロックを形成せんとする必然性が濃厚に看取《かんしゅ》されるのである。この世界情勢において、大東亜に生存する諸国が……大東亜共存共栄圏確立の謀《はかりごと》をめぐらすは自然の結論である。〉（同右）

ここには、大英帝国圏の消失とソ連の存続の方向が示されている。そして、日独伊ソの提携による南北アメリカ大陸への米封じ込めの状態（参戦阻止）が含意されているのである。これはまた武藤自身の意図するところだった。

だが、この武藤の構想は、独ソ戦によって打ち砕かれることになる。

アメリカがうけた衝撃

一方、アメリカ政府（ルーズベルト民主党政権）は、三国同盟締結について、特に表立った動きはみせなかったが、実際には、三国同盟の成立によって衝撃をうけた。

アメリカは、対独参戦した場合、三国同盟によって日米戦となっていく可能性が生じ、対独対日（大西洋・太平洋）の両面戦争を覚悟しなければならないこととなった。そのような事態は、対独戦遂行にとって回避したいことだった。

アメリカ政府は、戦略的にいわゆるヨーロッパ第一主義をとっており、欧州戦局を重視し、まずはドイツの打倒に向けて全力を振り向けるとの考えだった。

イギリスがドイツに敗北すれば、アメリカ自身の安全保障に重大な影響を及ぼすとみていたからである。ナチス・ドイツが、イギリスを含めて全欧州を支配すれば、アジアも日本の支配下に入ることとなるだろう。その結果、アメリカはヨーロッパとアジアから切り離され、孤立することになる。ルーズベルト政権はそう判断していた。

したがって対日政策としては、原則的には非妥協的で強硬なスタンスを示しながらも、対日戦を回避し、種々の牽制策によって日本の軍事的膨張を抑止しようとしていた。

だが三国同盟の締結によって、対独戦が同時に対日戦を誘発し、同時に大西洋と太平洋での両面戦争となる強い蓋然性が生じてきたのである。アメリカ政府としては、大きな国力をもつとはいえ、戦争準備の観点から、同時両面戦争の事態に陥ることは、できるかぎり避けたかった。

また、同盟条約で、東アジア・東南アジアでの日本の指導的地位を承認したことによって、日本の南進条件が整えられた。したがって、仏印・英領マレー・シンガポール・蘭印への日本の武力行使の現実的可能性が増大したのである。

米政府内部では、さらに日ソ間の政治協定が成立すれば、日独伊とソ連の提携が実現し、日本の南進によってアメリカの利害が大きく損なわれるとの懸念が高まりはじめた。アメリカ側でも日独伊ソ四国の提携の形成と、それによるアメリカへの圧迫が警戒されるようになっていたのである（小沢治子「米ソ関係と日本」三輪公忠・戸部良一編『日本の岐路と松岡外交』）。

スティムソン陸軍長官やモーゲンソー財務長官は、この機会に対日石油全面禁輸により強硬な姿勢を示すべきだと主張した。だが、ハル国務長官は、「石油全面禁輸は日本を蘭印に向かわせる」として反対した。ルーズベルト大統領もハルを支持した。この頃、ルーズベルト自身も、石油を禁輸すれば日本は蘭印に進むだろうとの趣旨の発言を残している（福田茂夫『アメリカの対日参戦』）。ハルもルーズベルトも、この時点ですでに、石油全面禁輸は日本の武力南進を誘発すると判断していた。そして、日本の武力南進は日英戦争を意味し、イギリスはこれによって対独対日同時戦争となり、深刻な状況に直面する。もしイギリスが日独に敗北することになれば、アメリカ自身、安全保障上重大な危機に陥ることになる。そう考えていた。

結局、政権の方針としては、日本の北部仏印進駐（後述）によって九月二六日に決定されていた対日経済制裁強化を厳格に実行するとの結論となった。

北部仏印進駐と田中作戦部長の登場

ここで少し時間をさかのぼって、日本軍の北部仏印進駐についてふれておこう。三国同盟交渉中の、一九四〇年（昭和一五年）九月二三日、日本軍は仏印北部地域（現北ベトナムなど）への進駐を開始した。

かねてから武藤ら陸軍中央は、重慶国民政府への援助経路（援蔣ルート）の一つである仏印ルート遮断を企図していた。パリ陥落後の一九四〇年六月一八日、日本政府（米内内閣）は陸軍の要請で、フランス政府に援蔣行為の中止を要求した。

仏印ルートは、最も重要な援蔣ルートで、仏印経由のものが全援蔣物資の約五割を占めた。フランスが日本の要請を受け入れると、八月一日から、近衛内閣（米内内閣の後継）の松岡外相とフランス駐日大使との交渉がおこなわれ、三〇日、日本軍の進駐と航空基地使用などを認める協定が成立した。

七月二七日大本営政府連絡会議決定の「時局処理要綱」に基づくもので、武藤らが意図した、南進をにらんでの仏印進駐だった。

ところが日本軍部隊の独断越境事件が起こり現地交渉が停滞。現地指導のため派遣された参謀本部の冨永恭次作戦部長は、独断で武力進駐を指示したため、さらに現地は混乱した。

この時の越権行為によって、冨永作戦部長は更迭され、一〇月一〇日、田中新一が作戦部長に就任した。田中は、独自の政策立案能力を有しており、参謀本部で強い発言力をもつようになる。後述するように、これ以後、武藤にとって、陸軍内での戦略決定における、軽視しえない阻害要因となっていく。

この日本の北部仏印進駐に対して、九月二六日、アメリカ政府は、対日屑鉄禁輸にふみきった。

それまでに、アメリカでは、「国防強化促進法」「両洋艦隊法」などにより、ほとんどの重要戦略物資は、事実上対日輸出が禁止されていた。残る対日輸出可能戦略物資は、航空用ガソリン・潤滑油以外の石油類（原油、重油など）、一般屑鉄のみだった。

北部仏印進駐に対する対日屑鉄全面禁輸は、日本の鉄鋼業に大きな打撃となり、銃器生産への影響は多大なものだった。

この時点で、日本がアメリカから輸入しうる重要戦略物資は、航空用ガソリン・潤滑油以外の石油類のみとなった。

国防国家VS天皇機関説

ところで、「時局処理要綱」には、国防国家体制確立のための国内指導として、強力政治の実行や、国民精神の昂揚などがあげられていた。それに基づき、武藤ら陸軍省（軍務局担当）は、一九四〇年七月下旬に「国内指導に関する具体的要目」を定めた。

そこでは、国民総動員組織の確立、既成政党の解消などが挙げられている。そして、政府による企業の整理統合、経営者の任免、さらには言論結社集会の禁止・制限、国策批判の抑圧なども記されている。

国家総動員に向け、政治・経済のみならず、言論や集会の取り締りなど国民生活そのものへの厳しい統制の実施が意図されていた。

その後、近衛内閣の新体制運動のもとで、これらの方策は実施に移されていく。情報統制、報道規制などによって、一方的な情報にもとづく世論操作が意識的におこなわれ、各種の国民動員、精神動員が実施される。

また、天皇が「現人神《あらひとがみ》」とされ極端に神格化されるのは、主にこの頃からである。国家神道が強化され、諸事の権威づけに天皇が口にされるようになった。日本の超国家主義の特徴とされるものの多くは、この新体制運動の頃から一般化したものである。

このような天皇神格化の延長線上に、一九四一年（昭和一六年）七月、文部省より『臣民の道』が発行された。これを小中学校をはじめ関係機関に広く配布。趣旨の徹底が指示された。

そこでは、こう述べられている。

〈我等皇国臣民は、悠久なる肇国《ちょうこく》の古《いにし》えより永遠に皇運扶《ふ》翼《よく》の大任を負うものである。この身この心は天皇に仕えまつるを以って本分とする。……我等は国民たること以外に人たることを得ず、更に公を別にして私はないのである。我等の生活はすべて天皇に帰一し奉り、国家に奉仕することによって真実の生活となる。……されば、私生活を以って国家に関係なく、自己の自由に属する部面であるとみなし、私意を恣《ほしいまま》にするが如きことは許されないのである。〉

天皇と国家が等置され、国民は天皇・国家のため存在するとされる。国家が国民のためにあるのではなく、逆に国民は国家のために存在するというのである。したがって、個々人の生活は、一切の私的領域を否定され、全て国家目的（天皇のもとでの国家総動員体制）に奉仕するものであることが要請される。

これが、一般国民の生き方として義務づけられ、教育されたのである。

ちなみに、美濃部達吉の天皇機関説では、国家は国民のためにある、と明白に位置づけられていた。それが、天皇機関説事件（一九三五年）において、真崎ら皇道派だけではなく、永田・武藤ら統制派が美濃部説を排撃した理由だった。一般には、永田や武藤らは、天皇機関説排撃には消極的だったとされている。だが、彼らもまた、天皇機関説の大学教育からの排除と機関説論者の高等文官試験委員からの排斥を主張していた（陸軍省「天皇機関説処理に関する要望」『国体明徴問題』）。各種国家機関のエリート層から天皇機関説を除去するためである。

なお、前年（一九四〇年）七月、武藤から近衛に提示された「総合国策基本要綱」には、「国体観念に透徹する教学の刷新と相俟《あいま》ち、自由功利の思想を排し、全体奉仕の観念を第一義とする新国民道徳を確立す」とある（矢次一夫『昭和動乱私史』中巻）。

この文面が、近衛内閣の閣議決定「基本国策要綱」（同月）に、ほぼそのまま受け継がれた。『臣民の道』の発行はこの閣議決定に基づいていた。

武藤らにとって、これらすべては、国家総動員体制構築のためだった。

武藤軍務局長はこれに先立ち、議会で次のように発言している。

〈「現在の国際情勢に処しますには……個人主義に出発しまする一切の自由主義、これを排除していかなければならぬ……如何なる国も国家本位に進んでいる……総てのものが個人というよりも国体というものに立脚して、一切を律していくということになれば、自ずから国家の総力というものは統合帰一せられて、万全の力を発揮するものだと信じている」〉（衆議院決算委員会、一九四〇年三月一九日）

現在の国際情勢に対処し、国家の総力を統合するには、国家本位でなくてはならず、それには「国体」に立脚する国家体制、国家総動員体制が必要だ、というのである。

第四章　「英米不可分」と南進論

一　「対仏印・泰《タイ》施策要綱」の策定

前の章で一九四〇年（昭和一五年）一〇月、田中新一が、北部仏印進駐問題で更迭された冨永恭次の後任として、参謀本部作戦部長となったことを述べた。東条陸相の意向によるものだった。田中は東条が関東軍参謀長だった時期、東条の「一番の幕僚」とみられていた（『西浦進氏談話速記録』）。田中は、陸軍省軍事課長から駐蒙軍参謀長をへての中央復帰だった。

田中の作戦部長就任により、これ以後、武藤は陸軍省を、田中は参謀本部を、それぞれ牽引することになる。陸軍トップの東条陸相は、長く中央を離れていたため独自の構想をもっておらず、武藤や田中の構想や政策に最終判断を下す立場だった（杉山元《はじめ》参謀総長はほとんど発言

田中新一
（田中新一『作戦部長、東條ヲ罵倒ス』より）

力なし)。

なお、冨永作戦部長更迭のほぼ同時期、閑院宮にかわって杉山元が参謀総長に、沢田茂にかわって塚田攻が参謀次長となった。ただし、冨永は、翌年四月には、陸軍省人事局長として陸軍中央要職に復帰する。統制派のなかでも、とりわけ東条陸相に近い関係にあったからである。

このような陸軍中央の布陣のなか、陸軍の戦略は、引き続き大きくは武藤の構想を核に進められた。

その後、武藤ら陸軍は、「支那事変処理要綱」「対支長期作戦指導計画」によって、次のことを決めた。日中戦争は、世界大戦の展開を利用して解決する。また、南方を含めた大東亜新秩序を建設するため、中国駐留軍を五〇万に削減する。在中兵力削減は、南方武力行使に備え、兵力展開の柔軟性を確保するためである。これらは正式決定とされ、天皇の裁可をうけた。

田中作戦部長は、この頃こう述べている。重慶国民政府を屈服させることは「第二義的」なもので、「全面的東亜の解決」すなわち大東亜新秩序の建設により、日中戦争は「自然に」解決される（「参謀本部第一部長田中新一中将業務日誌」、防衛省防衛研究所所蔵）と。

一般には、日本は日中戦争解決のために南方に向かい、米英と戦争になったとの見方がされている。だが、この田中の発言から、武藤と同様、日中戦争解決とはまた別の要請（大東亜新秩序建設）から南方進出が考えられていたことがわかる。

南部仏印進駐への日程表

また、一九四一年（昭和一六年）一月三〇日、「対仏印・泰《タイ》施策要綱」が、大本営政府連絡懇談会（連絡会議に準じるもの）において決定された。これは武藤ら陸軍が起案し海軍が合意したものだった。

その概要はこうである。「大東亜共栄圏」建設の途上において、仏印およびタイとの間で、軍事・政治・経済にわたる結合関係を設定する。また仏印との間に、航空基地の建設、港湾施設の使用、日本軍の進駐などを含む軍事協力協定を締結する。協定締結のため、やむをえず武力を行使する場合もありうる。つまり、いわゆる大東亜共栄圏の段階的建設の方式が打ち出され、その第一段階として、仏印・タイの包摂をはかる方針を明確にしたのである。

先の「時局処理要綱」では、好機を捕捉し、英領武力攻撃などによって南方問題を一挙に解決するとされていた。これを好機南方武力行使論と呼ぶ。いわば大東亜共栄圏形成の大部分を、武力によってストレートに実現することを意図していた。それがここでは、ドイツの対英本土上陸作戦の延期をうけ、まず、仏印とタイを勢力下に置こうというのである。

そのさい武力行使のオプションも明示され、資源確保のみならず、南部仏印への進駐と、そこでの航空基地を含む軍事施設建設が意図されていた。北部仏印進駐はすでに終えていたからである。なお、タイと日本の関係は、仏印・タイ間の国境紛争の過程で、ある程度密接なものとなっていた。

ここでの、大東亜共栄圏とは、武藤のいう大東亜生存圏にあたるもので、これまで大東亜協同経済圏、大東亜新秩序などと呼ばれてきたものである。

この時点で、仏印・タイは、武藤ら陸軍にとって、大東亜共栄圏形成における、生ゴム・錫・燐・タングステンなど重要軍需資源の第一次補給圏と位置づけられた。たとえば、生ゴム・錫は、需要量の大部分が仏印・タイで充足できるとの想定だった。また仏印は、日本の南方進出の軍事基地として位置づけられ重要視された。

この決定過程で、武藤は、三月末までに南部仏印進駐を実施すべきだと考えていた。それは、春から夏にかけてドイツの英本土上陸が予想され、その新情勢にそなえるため、三月末には進駐決定が必要だと判断していたからである。決定後、進駐準備に一ヵ月、飛行場整備に二、三ヵ月はかかるとみられていた。

だが、外交交渉を担当する松岡外相の同意をえられず、七月まで実施に移されなかった。松岡は、後述するように、南部仏印進駐は対英米戦を誘発するとして、その実施には慎重姿勢を示していたのである。

二　「対南方施策要綱」と武器貸与法の成立

「対仏印・泰施策要綱」決定後の一九四一年（昭和一六年）二月上旬、武藤ら陸軍は「対南方施策要綱」を作成し、海軍側に提示した。その骨子はこうである。

一、対南方施策の目的は、日本の自給自足経済態勢を確立することにある。
二、イギリス崩壊などの好機、もしくは米英による全面禁輸をうけた場合には、南方に武力を行使する。
三、英米分離に努力し、戦争相手は英蘭に限定する。

この陸軍案は、武藤らの「時局処理要綱」の直接的延長線上にあるもので、なお英米可分論に立っていた。再度ドイツの英本土上陸作戦が実施されると考えていたからである。

ところが海軍側は、南方武力行使（対英戦）はすなわち対米戦となるとの判断を示し、陸軍案に同意しなかった。英米は分離できない（英米絶対不可分）との立場をはっきりと打ち出したのである。

武藤は、海軍側の考えを示されたとき、自らが深くコミットした陸軍案との大きな乖離《かいり》にもかかわらず、それほど抵抗感はなかったようである（「石井秋穂大佐回想録」）。後述するアメリカの武器貸与法によって、すでに当初の判断（英米可分）を変えていたものと思われる。

その後、武藤ら陸軍は海軍と協議を続け、四月一七日、「対南方施策要綱」陸海軍案が合意された。その内容は、以下のとおりである。

一、大東亜共栄圏建設の途上において、日本と仏印・タイ間で、すみやかに、軍事・政治・経済にわたる結合関係を設定する。また、日本と蘭印の間に緊密な経済関係を確立する。

二、これらは外交施策により実現を期す。イギリスの崩壊が確実とみられるときも、蘭印との関係は、外交措置の強化によって（武力によらず）目的達成に努める。

三、以上の施策遂行にあたり、英米蘭などから対日禁輸をうけた場合、もしくは対日包囲態勢が国防上容認できない場合は、「自存自衛」のため武力を行使する。

ここでは、大きく二つの方針が示されている。一つは、武藤ら陸軍が主導した「対仏印・泰施策要綱」と同様、大東亜共栄圏建設の一段階として、仏印・タイの包摂をはかることである。ただし、武力行使も視野に入れていた「対仏印・泰施策要綱」とは異なり、ここでは外交による仏印・タイの包摂の実現が意図されている。さらに、蘭印についても、原則として外交的手段による経済関係の緊密化がめざされている。つまり、仏印や蘭印への武力行使が容認されていないのである。武藤ら陸軍の姿勢の大きな変化である。

　これは、次にみるように、この時点で英米不可分の見方が、武藤を含め陸海軍共通の認識として明確になったことと関連していた。英米を刺激する武力行使によらず、仏印・タイの包摂を実施し、蘭印についても外交交渉により必要資源の供給を確保しようとしているのである。ただ、仏印・タイとの軍事的結合関係の設定を急いでおり、南部仏印への進駐と軍事基地設営は重視していた。

　方針の二つめは、南方武力行使を、全面的禁輸を受けた場合など「自存自衛」の場合のみに限定したことである。「時局処理要綱」での英米可分の見地に立つ対英開戦論が清算され、当面は、陸軍・海軍ともに英米不可分の認識に立つこととなった。武藤の当初のスタンスからの大きな転換だった。

好機南方武力行使論は消えたのか？

　これらの方針について、有力な見方として、この一九四一年四月の時点で、武藤ら陸軍を含め、好機南方武力行使論が消失し、事実上「時局処理要綱」は放棄されたとの意見がある。

だが、「対南方施策要綱」から好機南方武力行使論が姿を消したのは、一時的な状況によるものではないだろうか。つまり、三国同盟は締結されたが、武藤らの世界戦略たる日独伊ソとの提携すなわち四国連合が、いまだ形成されていないという状況だったから、これらの要綱に明記されなかったのだと考えられる。

というのも、後述する独ソ戦（一九四一年六月開戦）直前の「情勢の推移に伴う国防国策大綱」陸軍案では、枢軸陣営の勝利が明らかとなれば、南方武力行使を実施するとされている。つまり、好機南方武力行使論が復活している。ここでの枢軸陣営の勝利とは、ドイツが短期間でソ連を屈服させ、さらに英本土侵攻に成功した場合が念頭に置かれている。ソ連がドイツの傘下に入るというような、新たなかたちでの四国連合が形成され、そのもとで英本土侵攻がなされた場合には、南方武力行使の実行が考えられているのである。

また、石井秋穂（軍務課高級課員）の回想によると、「対南方施策要綱」策定後の五月ごろにも「英は……いつ手を挙げるか分からぬ。その際は間髪を入れずにシンガポールを取らねばならない」と武藤ら軍務局はみていたとのことである（「石井秋穂大佐回想録」）。ここでも好機南方武力行使論は断念されていない。

これらのことからして、「対南方施策要綱」では、武藤においても南方武力行使をまったく断念したのではなく、当面の間は、たとえドイツの英本土侵攻があっても、しばらく実行しえない、としたものと思われる。武藤からみて、三国同盟のみでは米英の連合に対抗することができないからである。だが、この点に関して注意を引くのは、「対南方施策要綱」には前述の方針に加え、さらに、世界情勢が急変した場合には、対南方施策は別途決定する、と付記されていることである。日独伊ソ四国連合の形成可能性（日ソ間の提携成立など）を視野に入れて考えれば、必ずしも、好機南方武力行使論が消えたとはいえず、「時局処理要綱」は放棄されたとは断言できないだろう。

武器貸与法のインパクト

では、なぜ武藤は、この時点で英米可分から不可分へと態度を変化させたのだろうか。英米可分の見方に立つ陸軍案（一九四一年二月）から英米不可分の陸海軍案（同年四月）までの間に、アメリカでは三月に武器貸与法が成立している。これが態度変化の決定的要因である。この武器貸与法によって、アメリカは大規模な対英武器援助をおこなう姿勢を明らかにした。そもそもアメリカ政府（ルーズベルト政権）が、戦略的にヨーロッパ第一主義をとっていたことはすでに述べた。

この大西洋第一主義の方針から、日独伊三国同盟締結後の一九四〇年一二月末、ルーズベルト大統領は、「われわれは民主主義の大兵器廠とならねばならない」との炉辺談話（ラジオ放送）を発表した。そこでルーズベルトはこう述べている。もしイギリスが屈服すれば、枢軸諸国は、欧州大陸、アジア、アフリカ、豪州および公海を支配するだろう。われわれ全体、アメリカ大陸全体が、彼らの銃口のもとで生活することになる。そうした結果を防ぐには、より多くの艦船、銃器、航空機などを持たなければならない、と（福田茂夫『アメリカの対日参戦』）。

アメリカが安全保障上の観点から、イギリスの存続に重大な関心をもっていることを明らかにしたのである。そして、イギリスへの大規模な武器・物資援助の姿勢を示した。

そして、武器貸与法が議会に提出され、一九四一年三月一一日、成立した。これにより大量の武器・物資がイギリスに無償で供与されることとなった。

さらにこの頃、ルーズベルト大統領は、海軍に対英援助物資を運ぶ連合国船舶の保護強化を命じようとしていた。海軍による商船護送には当然発砲行為も想定された。これは対独交戦に突入する可能性を内包しており、アメリカの参戦決意を示すものだった（実際には、後述するように、松岡外相の独ソ訪問によって、しばらくこの命令は留保される）。また、四月一二日、アメリカ軍がデンマーク領グリーンランドに進駐した。

イギリスの敗北を阻止するため、アメリカが対独参戦する姿勢は、これらの点からも明らかだった。つまり武藤ら陸軍からみても英米不可分の状況となっていたのである。

南方を占領しても英米とは戦えない

一方、陸軍内部では、三月中旬から下旬にかけて、陸軍省戦備課長による省部各方面への物的国力判断の報告がおこなわれた。そこで、二年程度の短期戦なら南方武力行使は可能だが、石油の供給継続などの観点から、たとえ南方を占領したとしても、対英米長期戦の遂行には不安あり、との判断が示された。武藤もこの報告を聞いている。

なお、この戦備課による物的国力判断は、もっぱら自国の長期的な戦争継続能力についての国力判断で、アメリカなど想定される対戦相手国との国力比較はおこなっていない。先にもふれたが、これについて石井は、「アメリカの国力は別に算討しなかった。鉄八〇〇〇万屯《トン》に代表される天文学的数字で明らかであった」としている（「石井秋穂大佐回想録」）。

ちなみに、一九四一年のアメリカの鋼材生産高は、七五一五万トン。日本は六八四万トン。同年のアメリカの銑鉄生産高は、五〇八七万トン。日本は四一七万トンである。石井のいう「鉄」は鋼材（鋼鉄）であることが分かる。いずれにせよ、アメリカの鉄鋼生産高は、日本の一〇倍以上で、あらためて比較するまでもなかったといえよう。武藤もこれは十分承知していただろう。

いずれにせよ、武藤からみても、対米戦を決意しない限り、さしあたり南進は、英米と戦争にならない枠の中でおこなわざるを得なくなったのである。

第五章　日ソ中立条約と日米諒解案

近衛文麿

一　日ソ中立条約の成立

一九四一年（昭和一六年）四月一三日、日ソ中立条約がモスクワで調印された（日本側代表は松岡外相）。「対南方施策要綱」陸海軍案作成の四日前である。前年九月の日独伊三国同盟締結以来、武藤にとって待ち望んでいたものだった。

その内容は、一、両国は相互に領土保全および不可侵を尊重する。二、両国の一方が第三国より攻撃された場合、他方は全期間中立を守る、とするものである。

これにより、武藤ら陸軍中央が「時局処理要綱」以来意図していた、日独伊三国同盟と対ソ提携との結合が実現されたかにみえた。

武藤は戦後こう回想している。

〈松岡外相は三国同盟の真目的を達成するために……欧州に出発した。……その帰途モスコーで電光石火的にスターリンやモロトフと直接談判して、四月十三日、日ソ中立条約を締結したことは私の忘るることの出来ないところである。

元来三国同盟の目的は、私の知る限りにおいては、日独伊の同盟にソ連をも加入せしめ、この一連の枢軸によって、米国の戦争加入を阻止し、日支事変を速やかに解決せんとの企図であった。……松岡外相が日ソ中立条約を締結したのは、日本としては大成功であった。私は衷心《ちゆうしん》から喜んだ一人であった。〉（武藤章『比島から巣鴨へ』）

すなわち、日独伊の同盟にソ連を加え、アメリカの介入を阻止することこそ、三国同盟締結の真の目的だった。日ソ中立条約は、それに資するところ大なるものだ。そういうのである。

また、武藤は日ソ中立条約締結後の陸軍省局長会議で、次のように述べている。

〈日本としては「日ソ」中立条約を結ぶことによって、これを有利に利用し、日支事変の解決に利するとともに……ソ連の完全条約履行を実現せしめねばならぬ。……対ソ国交調整の結果、

米英の我が国に対する圧迫は一層強化されるであろう。〉（金原節三『陸軍省業務日誌摘録』前編）

武藤らの日独伊ソ四国連合構想の実現にとって、これは大きな一歩だったろう。

だが、実はその頃すでに、ドイツとソ連は緊張関係にあった。

日ソ中立条約の時点でドイツは対ソ戦を準備していた

では、なぜドイツとソ連は緊張関係に至ったのか、武藤らにとっては思いがけない事態なので、その経緯を簡単にみておこう。

一九三九年八月の独ソ不可侵条約締結以来、しばらく両国の関係は順調だった。

だがしばらくして、ルーマニア、ブルガリアなどのバルカン問題で独ソ間の利害が対立。さらにフィンランド問題でも両国は対立するようになる。ことにルーマニア北部を占領したソ連に対して、ルーマニア油田に強い関心をもつドイツは、強く反発していた。

一九四〇年一一月中旬、ソ連のモロトフ外相がベルリンを訪問し、ドイツ側と会談をおこなった。このベルリン会談でドイツは、日独伊三国同盟にソ連を加えて四国条約を締結する案を、ソ連側に提案している。これはリッベントロップ外相の日独伊ソ四国提携案をヒトラーが受け入れたことによるものだった。

この提案への回答はモロトフ帰国後の一一月下旬、ソ連政府からドイツに示された。その内容は、一定の条件付きで、「四国条約案を受諾する用意がある」とするものだった。ソ連側条件の内容は、フィンランドからのドイツ軍の引き揚げ、ルーマニア・ブルガリアをソ連の勢力範囲として保障することなどだった。

だが、それらの条件はヒトラーからみれば、とうてい許容できない内容だった。

これにより、一二月一八日、ヒトラーは、対ソ開戦準備を指示する「バルバロッサ作戦指令」を下した。翌年五月一五日開戦が想定されていた。武藤らはこのことを知るよしもなかった。翌年春に予定されていた英本土侵攻は、もはや同時期には有り得なくなっていた。

したがって、日ソ中立条約成立時（一九四一年四月）には、すでにドイツは、対ソ開戦を決定していたのである（決定は前年一二月）。

ソ連も、ドイツとの緊張が高まるなかで、日独による挟撃の可能性を恐れ、ひとまず背後の安全を確保しておこうとして、日本との中立条約締結に踏み切った。

その間、日本側には、一九四〇年一一月、リッベントロップ独外相から、ソ連を三国同盟の趣旨に同調させ、日独伊ソによる四国提携を実現するとの案（リッベントロップ腹案）が示された。松岡外相はそれをうけて、一九四一年三月、日ソ国交調整を実現すべく訪欧に出発した。

ところが、その直前の二月下旬、大島浩駐独大使から独ソ関係の悪化を知らせる報告が届いた。続いて四月はじめ、大島大使から、ヒトラーがソ連の態度を非難し、対ソ攻撃を念頭に東方国境線に大量の師団を集結させているとの知らせがあった。これらは武藤ら陸軍にも伝えられた。同時期、大島は、松岡訪欧団の陸軍側随員永井八津次大佐（統制派）にも、ドイツの対ソ感情は悪化しており、対ソ戦の決意を固めているようだ、との伝言を託している。ドイツの対ソ戦決意が明示的に知らされたのである。

このようにドイツの対ソ感情が悪化の極点に達しようとするさなかの四月中旬、日ソ両国は、相互に領土保全、不可侵を尊重するとした日ソ中立条約を締結したのである。

だが、六月には、大島大使やドイツ駐在陸軍武官から、ドイツの対ソ攻撃開始は間違いなく、その実行は間近だとする電信、いわゆる独ソ開戦確実電が到着した。

「対ソ戦争を始むる気遣い無用」

当時、武藤も、ルーマニア、ブルガリアなどバルカン問題その他で独ソの利害が対立していることは知っていた。だが、それらの利害対立は、「ドイツ軍の威力」によって、「ドイツのやること」が容認される方向で「ロシアと話がついていく」とみていた（武藤『日露戦争を回顧し現在の世界情勢に言及す』）。

武藤は戦後の回想で、この頃の自身の反応を、こう記している。

〈私はドイツの対英戦争が中途半端にある今日、ヒットラーが気でも狂わん限り、対ソ戦争を始むる気遣い無用と判断していた。〉（武藤『比島から巣鴨へ』）

ドイツが合理的に判断する限り、対ソ戦はありえないというのである。この時期にドイツがソ連を攻撃すること、そのような事態が起こること自体が戦略判断上ありえないと考えていた。武藤は、三国同盟と対ソ提携の結合に、自らの戦略構想の成否を賭けていた。したがって、それを根底から破砕する独ソ開戦の可能性を容易には信じられなかったのであろう。武藤は、六月の独ソ開戦確実電をうけても、彼らがドイツ側の「ブラフ」（はったり）に乗せられているのではないかと疑っていた（佐藤賢了『大東亜戦争回顧録』）。

いいかえれば、独ソ戦の開始は、武藤にとって、それだけ重大な事態だったのである。武藤の腹心だった石井秋穂軍務課高級課員は当時をこう回想している。「ヒットラーがソ連を討つ」という情報は、すでに知らされていたが、「まさか二正面作戦をと誰もが半信半疑でいた」、と（「石井秋穂の手記」『軍務局長武藤章回想録』）。

また石井は、駐独武官からの独ソ開戦必至との情報に対して、武藤に独ソ戦への対応案を出したが、武藤は「あまり本気にしてくれなかった」とのことである。武藤が、独ソ戦はありえない、とみていたことが分かる（「石井秋穂大佐回顧録」）。

石井自身も、「両面戦争を［ドイツが］自ら求めて始めるというのは腑《ふ》に落ちない。真偽のほど［は］疑わしい」との姿勢だった（防衛庁防衛研修所戦史室『大本営陸軍部　大東亜戦争開戦経緯』第三巻）。武藤も同様のスタンスだったと思われる。

では、なぜ武藤は、「ヒットラーが気でも狂わん限り、対ソ戦争を始むる気遣い無用」とみていたのだろうか。いいかえれば、なぜ、ヒトラーが合理的に考え、対ソ戦を回避するだろうと判断したのだろうか。

武藤も、ヒトラーらナチスが強い反ソ・反共イデオロギーをもっていることは十分承知していた。また、ドイツの「生存圏」獲得のために、ウクライナなど東方への領土拡大を企図していることも知っていた。これらのナチスの考えは陸軍内でも周知のことだった。それゆえ、武藤の軍務局長就任以前において、陸軍は対ソ牽制のためドイツと防共協定を締結し（一九三六年）、その強化に努めていた。

ところが、ナチス・ドイツは、防共協定強化を日独間で協議中の一九三九年八月、突如独ソ不可侵条約を締結して、ソ連と提携した。これは、ポーランドを解体し、フランスへと侵攻するための戦略的判断だった。そして、それは成功した。

これは日本からみればドイツの裏切り行為だった。だが、これにより日本の陸軍は、ナチスにおいては、反ソ・反共イデオロギーより、軍事的戦略判断が優先されるとの認識をもつことになった。そのような認識を当然武藤も共有していただろう。

つまり武藤は、ナチスといえども戦略判断がイデオロギーに優先するとみていたのである。武藤ら陸軍からみれば、ドイツが対英戦争遂行中に自ら独ソ戦を始めることは、戦略的に考えられないことだった。ドイツにとって東西両面戦争となるからである。それゆえ、石井の回想にあるように、ドイツが「まさか二正面作戦を」予定しているとは信じられない、との反応だったのである。対英戦遂行中に対ソ攻撃に踏み切るなど、多少ともまともな戦略家には信じられないことだった。実際、独ソ開戦を知った真田穣一郎軍事課長（統制派）は、「ああ、ヒットラーは馬鹿をした」との発言を残している。また、久門有文《くもんありぶみ》作戦課航空班長（統制派）も、「ヒトラー誤てり」との言葉を発している。彼らにとっても、対英戦中のドイツが、同時に対ソ戦に踏み切ることは、戦略的にはありえないことだったのである。

二　「日米諒解案」の波紋

日ソ中立条約締結から四日後の一九四一年（昭和一六年）四月一七日、野村吉三郎駐米大使から「日米諒解案」が、打電されてきた。独ソ戦開始の約二ヵ月前である。すでに大島大使から、ドイツが対ソ開戦を企図していることは知らされていた。

　その内容は多岐にわたるが、大づかみにいうと、こうである。

一、日本が三国同盟により行動を起こすのは、ドイツが積極的に攻撃された場合に限定する。アメリカは自衛のために欧州戦争に関わるのであり、その場合、アメリカが対独参戦しても日本は自動的に対米参戦するわけではなく、自主的に判断する。

二、日中戦争について、日中間の協定に基づく日本軍の撤兵、蔣介石政権と汪兆銘政権の合流、満州国の承認などを条件に、米大統領が蔣介石に和平を勧告する。

三、日本が武力による南進を行わなければ、アメリカは日本の資源入手に協力し、通商関係を正常化する。

　武藤は、この「日米諒解案」を、日米間の緊張を緩和し、日中戦争解決に資するものとして歓迎した。諒解案作成に重要な役割を果たした岩畔豪雄は、陸軍省の軍事課長として、武藤の直属の部下だった。その岩畔のアメリカ派遣は、武藤の意向によるものだった。岩畔は武藤の意を体して案の作成にコミットしていた。西浦進軍事課高級課員は、日米諒解案について「武藤局長が一番熱心だった」と回想している（西浦進『昭和戦争史の証言』）。

武藤自身の回想では、「甚だ満足すべきもの」であり、これで「日本は救われた」と思ったと述べている。

〈この案［諒解案］には種々総括的なことや経済問題やがあるが、陸軍として最も関心を持つ点、即ち日支事変の解決援助、満州［国］の承認、日本軍の撤兵は日支間の協定による等、甚だ満足すべきものであった。私はこれで日本は救われたと思った。〉（武藤『比島から巣鴨へ』）

北部仏印進駐・三国同盟締結以来のアメリカ対日経済制裁強化に強い危機感をもつ武藤は、独ソ国境付近でのドイツ軍集結について、ドイツの「ブラフ」だとしながらも、独ソ間の関係に不安感をもっていたものと思われる。

武藤は、国防国家建設のためには大東亜共栄圏の建設が必要だとの基本的見地に立っていた。だが、大きな国力差や戦備課長による物的国力判断からも、対米戦は極めて危険であり、回避すべきだと考えていた。したがって、三国同盟と日ソ中立条約で、アメリカの参戦や軍事介入を阻止しつつ、当面は外交的手段によって南方進出を図ろうとしていたのである。だが、日米諒解案到着直前に、大島駐独大使から、ドイツが対ソ開戦を企図しているとの情報があった。

それにより武藤も、対ソ開戦情報の確度を疑いながらも、三国同盟と日ソ中立条約の連繫が不安定な状況にあるのではと感じていた。

したがって日米諒解案は、アメリカの経済制裁強化に苦慮する武藤にとって歓迎すべきものだった。ことに、南進の足かせとなっている日中戦争の解決とともに、日本の必要資源入手にアメリカが協力し、通商関係を正常化するとの条項に安堵したものと思われる。

対中和平勧告における撤兵条項についても、日中間の協定によるとされており、撤兵の期間や範囲は、協定内容により様々な方策がありうると判断していた。武藤の国防国家建設にとって、日中戦争の早期解決は必須の課題だった。

ただ、武藤ら軍務局は、文面上、華北などへの駐兵が保証されていないことには不安感をもった。武藤らにとって、華北の資源確保と駐兵は不可欠のことと位置づけられていたからである。

石井秋穂は、日米諒解案について、武藤軍務局長が「これで支那事変が解決される」として意欲を示していたと回想している。また、石井自身、当時「このような諒解案に米国が乗り出したのは日ソ中立条約のおかげであろう」との感想をもったとも述べている（「石井秋穂大佐回想録」）。北方の安全確保とともに、三国同盟の存在とソ連との提携の実現が、アメリカへの圧力になったと判断していたのである。

日ソ中立条約が米政府の態度を変えた

実際、石井の見方は事実に近いものだった。当初ハル米国務長官は、四月九日に受け取った諒解案の草稿について、「我々は非常に失望した。それは我々が考えていたよりもはるかにくみしにくいもの」だと全く否定的にみていた（コーデル・ハル『ハル回顧録』）。

ところが、四月一四日、一六日には、それに部分的な修正を加えたにすぎない日米諒解案を、日本側から公式のルートに乗せるよう勧めている。

ハルの態度におけるこの変化は、なぜ起こったのだろうか。

その重要な要因は、四月一三日の日ソ中立条約締結にあったと推測される。

この条約により、日独伊ソ四国提携が進展し、かつ日本は北方の安全を確保し、南方進出のための前提条件を整えることができたのである。

それはアメリカにとっても、日本の南方武力行使が現実的な脅威となる可能性が高まったと受け取られ、ルーズベルト政権の政策に深刻な影響を与えた。

この頃アメリカ政府は、海軍のパトロール地域を大西洋西経二六度にまで拡大し、その地域への枢軸国艦船の侵入は、実力で阻止するとの方針をほぼ固めていた（「半球防衛計画第一号」）。その範囲には、グリーンランド、アイスランド西端、ポルトガル西方のアゾレス諸島が入る）。そしてその実行に必要な大西洋艦隊強化のため、太平洋艦隊の一部を大西洋に移動させる意向だった。

三月下旬、ドイツはアイスランド、グリーンランド以東を戦闘地域とすると宣言していた。したがって、それとアメリカのパトロール地域とは水域が重なり、米独が戦闘状態に入る可能性があった。

だが、日ソ中立条約締結二日後の四月一五日、アメリカ太平洋艦隊の大西洋移動を一時留保することを決定した（「半球防衛計画第一号」実施も延期）。日本の南方進出を警戒してのことだった（福田茂夫『アメリカの対日参戦』）。

したがって、対独戦を優先したいアメリカ政府は、米独開戦時の日本の参戦回避、日本の南進回避のため、ある程度日米妥協の可能性を探らざるをえなくなったとみられる。それが日米諒解案を公式ルートに乗せるよう、ハルが野村に勧めた理由だった（ウォルドゥ・ハインリクス「日米関係におけるソ連要因」入江昭・有賀貞編『戦間期の日本外交』）。

そのためには、中国の利害をある程度犠牲にすることもやむをえないと考えていたようである。

たとえば、ハルは、五月二三日、胡適《こてき》駐米中国大使に、「極東問題はヨーロッパ戦争と結びついている。ヨーロッパ戦局がさらに危険なものとなれば、ハワイにいるアメリカ海軍の大部分を大西洋に移動させねばならなくなるかもしれない。したがって極東和平の問題は、交渉の段階で取り上げられるのではないにしても、起こりうるのである」と述べている（福田『アメリカの対日参戦』）。

アメリカはこの頃、大西洋での対独戦と同時に、太平洋で日本と戦争を遂行する準備はできていなかった。したがって、近づく対独戦突入のさい、日本が三国同盟によって対米参戦することを強く危惧していた。そして、日ソ中立条約の締結によって北方の安全を確保した日本が、南方武力行使（対英戦）に踏み切るのではないかと懸念していたのである。

アメリカにとっての日米交渉の重要な狙いは、それによって、対独戦突入時の日本参戦を回避し、日本の武力南進を引き延ばすことにあった。

その頃アメリカ政府は様々な情報から、ドイツの対ソ侵攻の兆候をつかんでいた（バルバロッサ作戦計画の情報も入手）。だが、ドイツのソ連国境線への兵力集中は、対ソ威圧を狙ったもので、スターリンはそれに屈服する可能性が高いとの情勢判断をしていた。むしろドイツの強い主導権のもとでの新たな独ソ提携の出現を危惧していたのである。したがって、ドイツの春季攻勢はイギリスに向かうとの見方がアメリカ政府内にはなお強かった（同右）。

それゆえ、独ソ間の緊張を知りながらも、アメリカ政府としては、対日融和的な日米諒解案を、日米間の交渉開始の基礎として容認することとなった。近い将来予想される対独開戦時の日本参戦を回避し、日本の南進を抑えることを意図したのである。

その後、五月一二日、日本政府の正式提案（日本側修正案）が到着し、事実上日米交渉が軌道に乗ると、翌日、アメリカ政府は、一部太平洋艦隊の大西洋移動を決定する。交渉中は日本の対米参戦、武力南進はないと判断したからである。これにより太平洋艦隊の約二〇パーセントが削減され、太平洋での日本艦隊との勢力比は劣勢となった。

このように、日ソ中立条約の締結は、アメリカの「日米諒解案」に対する態度に大きな影響を与えていた。武藤らも、日米諒解案の到着は、日ソ中立条約の締結によるところが大きいと考えていた。

武藤は、それだけ三国同盟と日ソ中立条約の連繋に大きな期待をもっていたのである。対独同盟と日ソ国交調整が、武藤の戦略構想の要《かなめ》の部分だったからだろう。

岩畔からみた日米交渉

ちなみに「日米諒解案」作成を主導した岩畔は、日米交渉を次のようにみていた。この交渉におけるアメリカの狙いは、対独戦時に日本の参戦を回避するため、日本を三国同盟から離脱させることにある。それは日本としては到底できない。だが、日本としてもアメリカの対独参戦を絶対阻止できるものでもない。そこに日米交渉成立の可能性がある。日本にとって最も重要なのは日中戦争の解決であり、この目的達成のためには相当の犠牲を払わなければならない。したがって、アメリカが実際に対独参戦した場合の日本の三国同盟に基づく態度については、その点に留意し情勢に応じて決定すればいい。つまり必ずしも自動的に対米参戦する必要はない、と（岩畔豪雄「私が参加した日米交渉」、「武藤軍務局長宛岩畔電　一九四一年六月三日」『太平洋戦争への道』資料編）。

すなわち、日中戦争をアメリカの仲介で解決することが最も重要である。それゆえ、アメリカ欧州参戦時の三国同盟適用については、自動参戦回避の方向でアメリカの希望をある程度受け入れよう、というのである。

武藤もまたこれに近い方向で考えていたものと思われる。ただ、自動的に参戦しないことを示唆するのは交渉妥結のために必要であるが、自主的な判断で参戦する場合もあることは示しておかねばならないと考えていた。そうでなければ、三国同盟そのもののアメリカに対する威圧効果がなくなるからである。武藤はこの段階ではまだ、四国連合によりアメリカを抑え南進する可能性は放棄していなかった。独ソ間の緊張は「ブラフ」ではないかと、まだ疑っており、その場合のオプションも念頭にあったからである。したがって、自主的に判断するとの表現は、参戦か参戦しないか、両睨みの態度を表出するものだった。

なお岩畔は、かつて日独防共協定強化問題で、ドイツに強くコミットメントしていたが、一九三九年の独ソ不可侵条約の締結により、ナチス・ドイツに距離をおくようになっていた。ドイツに裏切られたとの思いからである。したがって日米諒解案の解釈でも、先のように三国同盟の軍事援助条項、それによる対米参戦（ドイツ支援）に冷ややかなスタンスとなっていた。

松岡外相の反対と独ソ戦

さて、「日米諒解案」の到着をうけ、陸海軍首脳部、近衛首相は、大枠において肯定的態度を示した。武藤もまた同様だった。

だが、松岡外相は、三国同盟の内実を空文化させるものだとして反対。その意見を入れ、五月一二日、日本側修正案をアメリカ側に提示した。その内容は、

一、アメリカの対独参戦時は、三国同盟における日本の軍事援助義務を厳格に実行する。
二、米大統領から中国側への和平勧告の具体的項目を全て削除する。

などだった。

これに対して、六月二一日、アメリカ側提案が政府正式提案の形で示された。その内容は、

一、アメリカが対独参戦した場合、日本は必ずしも三国同盟の軍事的相互援助義務に基づく対米参戦は行わない。

二、日中戦争解決への米大統領の仲介のさいには、和平条件についての日米間の合意を前提とする。

というものだった。また、日米間で合意すべき和平条件として、中国からの日本の撤兵、非併合、無賠償などがあげられ、満州国に関しては日中間での交渉によるとされていた。日本の防共駐兵や日中間の経済協力の承認については、今後の検討に委《ゆだ》ねるとされた。米参戦と三国同盟の問題、日米和平条件の復活は、明らかに五月一二日の日本側提案を否定するものだった。

このような内容は、武藤ら陸軍のみならず、海軍や内閣からみて受け入れがたいものだった。アメリカ側提案は、間接的に満州国を否認し（日中間の交渉事項に）、日本軍の駐兵を認めず、東亜新秩序を否定している。また、汪政権（南京政府）を無視し、日中交渉の相手として蔣政権（重慶政府）のみを示唆している。さらに、事実上三国同盟からの離脱を求めている。そう理解されたからである。

武藤ら軍務局は、満州国否認、駐兵不承認など、日米諒解案とのあまりにも大きなギャップに驚いた。

田中作戦部長も、六月二一日のアメリカ側提案は、諒解案とは「似ても似つかぬ強硬極まるもの」となっており、アメリカの対日政策は、「融和」から「強圧」へと転換したと判断したという（田中新一『大戦突入の真相』）。

こうしたアメリカの態度変化は、しばしば松岡の意見による修正の影響だといわれてきたが、それよりむしろ独ソ戦の確信によるものだった。

アメリカ政府は六月一二日頃、ドイツの対ソ侵攻の確証をえる。これを契機に、アメリカの対日姿勢は大きく変化し、それが六月二一日の米側提案に反映されていたのである。日本側も米側提案到着翌日（六月二二日）の独ソ戦勃発によって、その対応に忙殺され、日米諒解案による日米交渉の検討は事実上一時中断される。

武藤らにとって、この独ソ戦勃発とその予測によるアメリカ側の態度転換は、思いもよらないことだった。独ソ戦により、日独伊ソ四国連合で英米に対抗するとの武藤の戦略構想は根底から崩壊し、その根本的な立て直しを迫られることになる。

第六章　独ソ戦の衝撃

一　独ソ戦の開始

独ソ開戦確実の情報（六月六日大島大使電）に接した武藤ら軍務局は、独ソ戦の行方をこうみていた（軍務局中枢メンバーは、武藤章軍務局長、真田穣一郎軍事課長、佐藤賢了軍務課長、西浦進軍事課高級課員、石井秋穂軍務課高級課員。武藤・真田・西浦は永田生前からの統制派、佐藤・石井は統制派系）。

ドイツの勝利で短期に終結する可能性は低く、長期持久戦になる。ソ連は、かなりの国力と工業生産力のみならず、その広大な領土と豊富な資源、一党独裁による強靭《きょうじん》な政治組織などから、容易には屈服しないだろうと判断していたからである。

松岡洋右

武藤ら軍務局中枢メンバーは、独ソ戦確実電二日後の六月八日、独ソ開戦時の対応を検討している。石井軍務課高級課員の回想によれば、それは次のようなものだった。

〈局長［武藤］は先ず私に対し、独ソ開戦せばその戦局の推移判断如何と尋ねた。私は、「独軍は最初ソ軍を撃破し東方深く圧迫するであろう。しかしソ連は土地広く、物多く、人多く、しかも共産党による一党専制の政治組織が既に相当強靭に確立されているから、仲々屈服すまい。所詮支那事変の如き形態が出来るだろう」、と答えた。〉（「石井秋穂大佐回想録」）

ソ連は、すでに第二次五ヵ年計画を終えており、その国力や工業生産力が相当の水準に達していることも、石井の念頭にあっただろう。それに対して武藤は、「オレも全然そう思う。ソ連が瓦解《がかい》するなんていう甘い観測をするものがあったら、飛んでもないことになる」（石井秋穂「昭和十六年前半期の最高国策の補正」、防衛省防衛研究所所蔵）と発言している。

石井の回想はこう続く。

〈武藤氏もわれわれも確信をもって右の如く思いこんでいた。故にわれわれは田中新一第一［作戦］部長の精悍なる『好機を作為捕捉』して立ち上がろうとする考え方［北方武力行使＝対

ソ開戦論、後述〕を極端にまで警戒してかかったのである。〉（同右）

〈これには他の人々も〔真田、西浦、佐藤〕何の異論もなかった。従って、独ソ戦が起こったら差し当たり形勢を観望し、真に有利な状態が現出したら、一挙に極東ソ連軍を始末し永きに亘る北方問題を解決すべしとの意見に一致した。〉（「石井秋穂大佐回想録」）

すなわち、武藤ら軍務局は、当面は事態を静観すべきとの結論となったのである。

ドイツは三ヵ月程度の短期間でソ連を屈服させると主張していた。だが武藤は、ソ連が短期間で敗北するとは考えていなかった。独ソ戦は、双方の国力とソ連領土の広大さ、豊富な資源からして、国家総力戦となり、必然的に長期化すると判断していた。したがって、当然、ヒトラーが再開を予定していた英本土上陸作戦は遠のき、近い将来でのイギリス崩壊の可能性も低下する。そうみていた。それゆえ、独ソ戦については、事態を静観し、情勢の展開を見守るしかないとの姿勢だった。

そのような武藤の姿勢は、独ソ開戦後も変わらなかった。

〈六月二十二日、遂にドイツは対ソ戦を開始した。そこで東京に大きな問題が提起された。日本は三国同盟の誼《よしみ》によって、対ソ戦に入るべきか如何ということであった。……しかし、もともとドイツはソ連を三国同盟の中に入れるべき前提を破っているし、また日ソ中立条約を締結した今日においては、日本が対ソ戦を始めねばならぬという条約上の義務も権利もない。〉（武藤章『比島から巣鴨へ』）

そのような見通しから、軍務局内では、独ソ戦対応について一応次のような方針を申し合わせた（「情勢の推移に伴う国防国策要綱」）。

一、さしあたりは情勢を観望し、もし独ソ戦の推移によって極めて有利な状況が出現したならば、武力を行使して、一挙にソ連を崩壊させ、北方問題を解決する。

二、もしドイツがソ連を屈服させ、さらにイギリスを攻撃し、その勝利が確定的となったなら、南部仏印を越えて南方要域に進出し、これを勢力圏内におさめる。

三、アメリカが対独参戦した場合は、三国同盟条約の精神に基づき態度を決するが、武力行使の時期および方法は別に定める。（「石井秋穂大佐回想録」）

ただ、このような方針はすべて仮定の上に立っており、基本は事態を静観しながら情勢の推移を見守るしかないとの見方だった。

もしドイツが「極めて有利」になったら？

では、事態を静観するとは、実際には、どのようなことを意味するのであろうか。

武藤のように、独ソ戦は国家総力戦となり長期化するとの見方に立てば、右の申し合わせの「一」「二」の可能性、つまり比較的短期間で、一挙にソ連を崩壊させる、さらにはイギリスに侵攻するような展開はありえないわけである。

そうすると、独ソ間の混戦状況が長期間続くことになる。その結果、独ソ戦は完全に泥沼化し、必ずしもドイツ有利の状態で進行するとは限らない。あるいは戦争長期化のなかで、イギリスやアメリカの援助を受けて、ソ連側が有利な方向に展開していくかもしれない。

つまり、独ソ戦の推移において、「極めて有利な状況が出現」しない可能性もあるわけである。そうなった場合どう対処するのか、武藤および軍務局で、その点について何らかの検討がされた形跡はない。また、泥沼化した戦況において、もし日本側がドイツ側に立って参戦し、全力でソ連軍を挟撃すれば「極めて有利な状況が出現」するかもしれず、その場合は、どのように対処すべきかも検討された形跡はない。

ただ、独ソ戦の推移が、ドイツ側に「極めて有利な状況」となれば、日本も武力を行使する、としているだけである。そこに日本側の行動を限定していれば、それ以外の状況となった時、どのように対処すべきかは、当然考えられたはずである。たとえば、ソ連が英米の支援を受けて優勢となった場合は、ドイツに見切りをつけて、英米ソ側につくのか、全くの中立を守り通すのか。当然さまざまに考えられたはずである。

その点についての武藤らの考えを知りたいところであるが、残念ながら、それに関する資料は残されていない。

武藤は、この時期、独ソ戦の行方を静観して見守る以上に、従来の日独伊ソ四国連合構想に代わる、はっきりとした戦略をもっていなかったといえよう。ただ、後述するように、これ以降、ドイツに距離を置き、米英との妥協の道を探る方向に進んでいく。

日独伊ソ四国連合によってアメリカの介入を抑えながらイギリスを打倒し、大東亜共栄圏を形成する戦略から、対米英妥協による大戦切り抜けへ、武藤は自らの世界戦略の転換をはかろうとする。しかしそれは極めて困難な道だった。

田中の「北方武力行使」論

一方、この独ソ戦の開始を好機と捉える者もいた。その代表が参謀本部を戦略面で率いていた田中新一作戦部長である。参謀本部でも、六月六日の独ソ戦確実の大島大使電をうけて、独ソ戦への対応が検討された。六月九日の参謀本部部長会議で、田中作戦部長は、「当面の問題としては、独ソ戦の場合に乗じて……進んで好機を作為し捕捉する着意を忘れてはならない。……［これを機会に］諸懸案を解決する必要あり」（田中新一「大東亜戦争への道程」）と主張した。

「好機を作為し捕捉する」とは、好機を意図的に作り出してでも、すなわち実際には好機の有無にかかわらず、武力行使に踏み切ることを意味した。また、北方での好機とは、ドイツの侵攻による短期間でのソ連の崩壊をさしていた。

　田中は、こう考えていた。独ソ戦になれば、米英ソの提携は強化され、アメリカは英ソの徹底的援助に努めるだろう。そこで、まず北方について、機を逸せず、ソ連への武力行使によって北方問題を解決する必要がある。北方武力行使は、独ソ間での戦況変化の「機微なる機会」をとらえなければならず、まず北方に「兵力行使の自由」を確保すべきである。

　田中のみるところ、ソ連の屈服は、日本への北方からの脅威を取り除き、またイギリスの対独継戦意志を破砕することになる。イギリスは、大東亜共栄圏形成の最大の障害となっており、その打倒は、日本の南方武力行使を容易にする。また、日本が北方の脅威から自由になることは、アメリカにとっても太平洋側からの強い軍事的圧力となり、対独参戦を背後から牽制する効果をもつ。そう田中は判断していた。つまり、ソ連と戦うことでアメリカの対独参戦を抑止できると考えたのだ。

田中ら参謀本部は、日本をめぐる国際情勢への独ソ戦の影響を、こうみていた。独ソ戦によって三国同盟と対ソ提携の連繋は消失し、日米交渉への日ソ中立条約締結効果も一気に弱まる。日独による対米牽制力も急激に低下する。それでは、米英ソの連繋によって、日本は大きな圧力を受けることとなる。

田中は、そのような国際的な窮地から脱却する道は、ソ連を打倒するしかないと考えたのである。そして、ふたたびドイツをイギリス屈服に向かわせ、日本の南方武力行使とともに大英帝国を崩壊にみちびき、アメリカを孤立させる。それが田中の戦略だった。これ以後、田中は、後述する「関東軍特種演習」（関特演）や南部仏印進駐など、そのための方策を打ち出していくこととなる。そして、このような考えが、参謀本部を動かしていく。

一方、武藤軍務局長は、ソ連を屈服させることは容易ではないと判断し、北方への武力行使ではなく、アメリカとの外交交渉によって緊張した外交環境を改善する道を探ろうとする。そして、ドイツとは事実上、距離をおき、対米関係を改善させる方向に向かおうとした。さらに、日中戦争の解決を促進すべく、日米諒解案をめぐる日米交渉に力を注いでいく。

陸軍省軍務局と参謀本部作戦部の対立

このように、陸軍中央では、来たるべき独ソ開戦への対応について、事態を静観すべきとする武藤ら軍務局と、北方武力行使と南方進出を主張する田中ら作戦部の深刻な対立が生じた。
それまで、陸軍では武藤が中心となって戦略を立案していた。だがこの時点から田中が陸軍における武藤に対抗する勢力として姿を現してくることになる。

その後、独ソ開戦に対処すべき国策案について、武藤・田中ら陸軍省部間で意見調整がおこなわれ、六月一四日、「情勢の推移に伴う国防国策大綱」として合意された。

その主要な内容は次のようなものだった。一、独ソ開戦の場合でも、対仏印・タイ施策は促進しその経済圏を確保する。二、枢軸陣営の勝利が明らかとなれば、南方武力行使をおこなう。三、独ソ戦の推移が日本に極めて有利に進展すれば、武力行使によって北方問題を解決する。

ここでは、北方武力行使が、独ソ戦が日本に極めて有利な場合、すなわちドイツ勝利が明らかとなった場合に限られている。つまり武藤の意見が田中を抑える形になっている。また、南方武力行使も、枢軸陣営の勝利、すなわちドイツが短期間でソ連を屈服させ、さらに英本土攻略が成功した場合が想定されている。ここでも武藤が田中の主張を抑え込んでいる。

つまり、田中ら参謀本部作戦部の主張である北方武力行使、南方武力行使について、武藤ら陸軍省軍務局も容認しうる場合に限定して省部合意としているのである。

武藤およびその周囲の幕僚たちは、基本的には独ソ戦は長期化するとみていた。だが彼らも、事態の予想外の展開によって早期にソ連が崩壊する場合には、北方武力行使に必ずしも否定的ではなかった。武藤自身、日中戦争の間、常にソ連の軍事介入を警戒し続けてきており、その北方からの脅威を取り除く絶好の機会となるからであった。

また南方武力行使についても、ドイツの侵攻によってソ連、イギリスと崩壊すれば、国際情勢は大きく変化し、アメリカも容易に西太平洋に軍事介入することはないだろうと判断された。背後からドイツの牽制を受けるだけではなく、ドイツの全欧支配によって国際的に孤立することになるからである。したがって、アメリカの欧州参戦がなければ、たとえば日本がシンガポールを攻撃しても対米戦にはならないとみられていた。

もし国際情勢がそのように展開すれば、それはそれで武藤ら軍務局にとっても望ましいことであった。ただ、武藤らは、前述のように、ドイツの短期間での対ソ勝利は困難だと判断しており、そう都合良くはいかないだろうとみていた。

ただ、対仏印・タイ施策の促進、すなわち仏印・タイの包摂の実行については、既定の方針であり、武藤ら軍務局も同意し、省部ともに一致していた。

この「情勢の推移に伴う国防国策大綱」陸軍案は海軍との協議に入った。

バルバロッサ作戦発動

そのさなかの一九四一年（昭和一六年）六月二二日、ドイツのバルバロッサ作戦発動によって、独ソ戦がいよいよ始まる。

ドイツ軍三〇〇万（約一二〇個師団）は、機甲師団を中心に一斉にソ連領内になだれ込んだ。ドイツ軍の攻撃は完全な奇襲となり、国境線付近に配置されていたソ連軍部隊は総崩れとなった。ドイツ軍機甲師団はソ連領内部深く侵入し、主力部隊はモスクワ方面に向けて進撃を始めた。

独ソ開戦は、武藤にとって衝撃的な出来事だった。これまで述べてきた彼の構想――日独伊ソ四国連合によりアメリカの介入を抑えながらイギリスを敗北に追い込み、大東亜共栄圏を形成する――を一挙に破壊するものだったことは、あらためていうまでもない。

ナチス・ドイツ政府およびドイツ国防軍は、三ヵ月余りでソ連を屈服させる計画で、その実行を公言していた。大島大使ら日本関係者も、独自の情報収集をすることなく、それを信じ本国に報告した。開戦後は、陸軍首脳部も多くはその情報により独ソ戦の動向を判断し、ドイツ側が早期に勝利するとみていた。参謀本部情報部の見方も、ドイツの圧倒的勝利に終わるとするものだった。

ただし、情報部ロシア課のみが、ソ連の国力や軍事力などから、独ソ戦は長期戦になる可能性が極めて高いと判断していた。この点は、武藤ら軍務局の見解と同様だった。実際には、よく知られているように、ドイツ軍はモスクワ直前で厳冬期の到来とソ連軍の猛反撃により進路を阻まれ、独ソ戦は両国間の全力での激闘が続く長期戦となっていく。

「帝国国策要綱」と対ソ戦準備

独ソ開戦直後の六月二四日、先の「情勢の推移に伴う国防国策大綱」陸軍案をもとに陸海軍の協議がおこなわれ、「情勢の推移に伴う帝国国策要綱」陸海軍案が作成された。

そこでは、武藤の主張する大東亜共栄圏の建設が第一義的な国策としてあげられ、そのために日中戦争の処理とともに、南部仏印までの南方進出と北方問題解決が、方針として明確に打ち出された。

その上で、独ソ戦については、武藤ら軍務局の考えと同様、当面は介入せず、対ソ戦備を整え、戦況が日本にとって極めて有利な状況となれば、北方武力行使に踏み切ることになった。ほぼ「情勢の推移に伴う国防国策大綱」陸軍案と同様の内容だった。陸軍側のみるところ、海軍は北方武力行使には消極的だったが、陸軍が南方から手を引くことを恐れ、南方施策に向けての対英米戦争準備の基本態度保持を条件に了承した。

仏印・タイ施策を完遂することでは陸海軍ともに一致していた。また田中ら参謀本部は、北方武力行使を強く主張したが、海軍側は慎重で、武藤ら陸軍省軍務局と同じく、短期のソ連崩壊の場合のみ可とした。

さらに、海軍は南方への武力進出の条件はまだ満たしていないと判断していたが、田中ら参謀本部は、独ソ開戦とともに、日本の自存自衛の脅威は急速に増大するので、南方武力行使の決意も固めておくべきだとの考えだった。実際は、南方進出の態勢を強化するとの一般的な合意となったが、はじめて「対米戦を辞せず」との強い表現が海軍側から示された。ただ、海軍はこの時点で実際に対米戦を決意していたわけではなく、北方武力行使論を抑えるためのカウンター・バランスとしての文言だった。

この「情勢の推移に伴う帝国国策要綱」陸海軍案は、大本営政府連絡懇談会（連絡会議に準じるもの）で検討された後、七月二日、大本営政府連絡会議が、天皇の臨席する「御前会議」として開催され、ほぼ陸海軍案通り正式決定された。この決定は、後述するように、その後の日本の進路を方向づけたものとして重要な意味をもつこととなる。

こうして独ソ戦の動向をにらんで対ソ武力準備を整えることが公式に認められ、田中ら参謀本部作戦部は対ソ戦備強化に向かって動き出すこととなる。

参謀本部主導の「関特演」

さて、田中ら作戦部は、対ソ戦準備を公式に認められたことから、北方武力行使を念頭に満州への陸軍の大動員を計画・実施する。当時、関東軍は、平時編制の一二個師団で、三五万の兵力をもっていた。田中らは、この関東軍を戦時編制にするとともに、朝鮮軍の二個師団と内地から派遣する二個師団をあわせて一六個師団で対ソ戦準備を整えようとした。総兵力は、戦時編制一六個師団に、重砲隊・高射砲隊など軍直轄部隊と後方部隊を加え、八五万に達した。未曾有の陸軍大動員であった。さらに馬一五万頭も動員され、それらの輸送用に船舶九〇万トンが徴用された。これら人員・物資の移動は極秘とされ、動員目的を秘匿するため、名称も「関東軍特種演習」（いわゆる関特演）とされた。

　田中ら作戦部は、対ソ作戦期間を約二ヵ月と想定し、戦闘予想地域が冬季に入る一一月までには大勢を決しなければならないと考えていた。そのためには九月初頭には武力発動が必要であり、その作戦開始の意志決定は、八月上旬から中旬までにおこなわれることが必須だと判断していた。

　また、武力介入の基準として、極東ソ連軍が対独戦への西方転用によって兵力が半減し、ことに航空機および戦車が三分の一に減少した場合とした。ちなみに独ソ開戦前の極東ソ連軍の兵力は三〇個師団、戦車二七〇〇輛、航空機二八〇〇機。これに対して関特演前の在満鮮日本軍戦力は、一二個師団、戦車四五〇輛、航空機七二〇機で、関特演による増強を加味しても、戦局の帰趨を決する戦車・航空機は圧倒的に劣勢だった。

　もし対ソ開戦に踏み切るのなら、一気に極東ソ連軍を撃破する必要があった。もし緒戦で日本側が大打撃を受けるようなことがあれば、北方武力行使が失敗するだけではなく、南方武力行使も不可能になり、大東亜共栄圏も、国防の自主独立もすべて幻と化す。緒戦での勝利は絶対条件であり、それには、ノモンハン事件の経験から、師団数のみならず、戦車・航空機の比重が決定的な重要性をもっていたのである。

対ソ武力発動は、八月上中旬までの意志決定と、この極東ソ連軍減少の基準がクリアーされるという、二つの条件によって事実上制約されていたといえる。

武藤の病休中に決められた大動員

一方、武藤は、前述のようにもともと独ソ戦は長期の持久戦となるとみており、北方武力行使には否定的だった。また、「帝国国策要綱」の北方武力行使の条件についても、こう解釈していた。ドイツ軍の侵攻によってソ連軍が決定的な打撃を受け、関東軍の現有勢力（三五万）のみで極東ソ連軍を撃破し、さらに占領地を維持することも、同兵力で可能な情勢となった場合だ、と。

武藤は、関東軍の現行一二個師団の戦時動員実施にも慎重だった。これらの考え方は、武藤のみならず、軍務局中枢メンバー（真田穣一郎軍事課長、西浦進軍事課高級課員、佐藤賢了軍務課長、石井秋穂軍務課高級課員）も同様だった。

一九四一年（昭和一六年）六月二九日に、田中作戦部長が、主務課長である真田穣一郎軍事課長に、本格動員（戦時動員）実施を強く迫ったさいにも、真田は応じなかった。武藤をはじめ軍務局では、本格動員には国家レベルでの開戦意志決定が必要だと考えられていた。のみならず、「国策要綱」が想定している北方武力行使の条件（短期間でのソ連崩壊）が満たされる可能性に否定的な見方をしていたからである。

ところが、軍務局を率いる武藤が、七月上旬、たまたま眼病治療のため勤務を休んだ。その間、田中作戦部長は、真田軍事課長に再度圧力をかけ、在満鮮部隊一四個師団の本格動員と内地航空部隊、一部の軍直轄部隊の動員派遣に同意させた。だがそれ以上は真田ら軍事課は譲歩しなかった。

やむなく田中作戦部長は、七月四日、軍務局の頭越しに、陸軍省トップの東条英機陸相と直接交渉し、東条の了承をえた。翌七月五日、一六個師団を基幹とする総兵力八五万人の本格動員実施が陸軍内で決定された。北方武力行使に否定的な武藤軍務局長病休中のことであった。病休している武藤の頭越しに田中が東条の了承をとり、参謀本部・陸軍省決定に持ち込んだのである。なお、陸軍省でも、重要ポストにあった冨永恭次人事局長は、対ソ主戦論で田中に積極的に協力して動いていた。前にも述べたように、冨永は、東条の腹心の部下といえたが、田中とは陸士同期で、ことに親しい関係にあった。

武藤は、このような北方武力行使論の盛り上がりのなかで、苦境に陥っていた。

対ソ戦を断念

関特演の動員命令は、七月七日と一六日に分けて発せられた。こうして総兵力八五万、馬一五万頭、徴用船舶九〇万トンにのぼる大動員が実施されたのである。田中ら作戦部は、たとえ独ソ戦によるソ連軍の崩壊が起こらなくとも、極東ソ連軍の兵力が半減し、ことに航空機・戦車が三分の一の状態になれば、何らかのきっかけをつかんで、日独による対ソ挟撃を実行する考えであった。

それが、先に好機を「作為し捕捉」すべき、と田中が主張した「作為」の具体的な意味であったといえよう。ちなみに海軍は、そのような陸軍の謀略的措置により対ソ戦に突入していくことを警戒していた。

だが、極東ソ連軍の西方対独戦線への移動は、田中作戦部長らの期待通りには進まなかった。七月中旬の段階で西送されたのは五個師団程度で、開戦前三〇個師団の一七パーセント、戦車・航空機その他の機甲部隊の西送は、三分の一程度に止まっていた。後述するように、対独戦線の状況が、ソ連にとって極めて厳しい状況に追い込まれていたにもかかわらずである。ソ連側も日本の参戦を強く警戒していたといえよう。

このような状況のなか、参謀本部情報部は八月初めに、本年度中にドイツがソ連を屈服させるのは不可能であろうとする情勢判断をまとめた。武藤らの見通しに、ほぼ同調する判断となったのである。

それでも田中作戦部長は計画を断念せず、なお東条陸相と協議し、八月一〇日前後までに、対ソ武力行使を実施するかどうかを決定しようとしていた。

しかし、参謀本部は、一九四一年（昭和一六年）八月九日に、年内の対ソ武力行使を断念する方針を決定した。後に詳しく述べるように七月二八日に実施した南部仏印進駐に対して、八月一日、アメリカが石油の対日全面禁輸措置を発動し、日本への石油供給を全面的に停止したからである。そのため、陸海軍・政府にとって、対米対応が第一義的な問題として浮上してきた。これが主因となって北方武力行使は延期されることになったのである。田中自身もまた、アメリカの対日石油禁輸によって、石油保有の現状から対ソ作戦を優先的に考えることはできなくなったと判断していた。

次に、対ソ武力行使の判断とも連動した、いわゆる南進について見ていきたい。

二　南部仏印進駐問題

独ソ開戦確実との入電（一九四一年六月六日）直後の六月一〇日、陸海軍間で「南方施策促進に関する件」が合意された。先に陸海軍間で決定した「対南方施策要綱」（四月）に基づくもので、その主要な内容は、次のようなものだった。

一、仏印との間で、南部仏印への進駐を含む、軍事的結合関係を設定する。

二、そのための外交交渉をおこない、仏印が要求に応じない場合は武力を行使する。

この「南方施策促進に関する件」は、六月一二日の大本営政府連絡懇談会で了承された。すなわち、仏印側への武力行使も念頭に置いて、南部仏印進駐への外交交渉に着手することが正式に決定されたのである。後述するように、「南方施策促進に関する件」の起案には、武藤が深く関わっていた。

そして、七月二日の御前会議で決定された「帝国国策要綱」でも、「対仏印・泰施策要綱」および「南方施策促進に関する件」に依拠し、仏印・タイに対する諸方策を完遂し、南方進出の態勢を強化する、とされた。つまり、南部仏印進駐への武力行使のオプションが正式に認められたのである。

南部仏印は、生ゴムや錫・燐・タングステンなど重要資源の生産地であるとともに、マレーやシンガポール、西ボルネオなどの英領植民地、蘭印、さらには米領フィリピンなどへの直接的な攻撃基地となりうる位置にあった。したがって、南部仏印進駐は、当地の資源獲得とともに、さらなる南方作戦が必要となった場合の軍事基地の確保を目的とするものだった。

一九四一年四月の「対南方施策要綱」では、英米不可分の判断から、南部仏印進駐は武力ではなく外交によって平和的におこなうとされていた。それがなぜ、二ヵ月後の「南方施策促進に関する件」では、武力行使も可とする方向に変わったのだろうか。

そこには松岡外相との深刻な対立があった。南部仏印進駐の方針は、一月の「対仏印・泰施策要綱」で、すでに決定されていた。武藤は三月末までには外交交渉による進駐を実施すべきだと主張していた。南部仏印はフランスの植民地であり、進駐にはフランス政府（ヴィシー政権）との外交交渉を必要としたが、外交の責任者である松岡外相が動かず、フランスとの交渉は進捗しなかった。もちろん、大本営政府連絡懇談会での決定にも、構成員の一人である松岡の同意を要した。松岡は、現時点での南部仏印進駐は対英米戦を誘発するとして、進駐実施には慎重な姿勢だったのである。

なお、この間、松岡外相は独ソ戦開始後、ただちにドイツと協同してソ連を攻撃すべきだと主張し、近衛首相ら閣僚のみならず、陸海軍の意見とも対立した。松岡は日ソ中立条約締結から帰国後、ドイツのイギリス攻撃に呼応するかたちで、英領シンガポール攻撃を説いていた。だが、独ソ開戦とともに、中立条約締結直後にもかかわらず即時対ソ攻撃論を展開し、近衛らを驚かせた。

だが、四月の日ソ中立条約の締結をへて、松岡の姿勢が変化する。南部仏印進駐は、「企図せざる対英米戦に陥る」との判断は同じだったが、むしろ陸海軍の南部仏印進駐交渉の要請を逆手にとって、シンガポール攻撃や対英米戦の決意をせまるようになる（参謀本部編『杉山メモ』）。この時期、松岡はシンガポール攻略、すなわち対英開戦を主張していた。松岡自身はアメリカとの戦争は望んでいなかった。だが、陸海軍は英米戦を決意できないだろうと踏んで、逆に英米戦の決意を迫り、陸海軍を抑えて政局の主導権を握ろうとしたのである。

武藤も、日ソ中立条約の締結を背景に、南部仏印進駐交渉を急がせようとして、松岡と交渉した。その結果、ともかく交渉に着手させるべく、対英米戦の決意を示せという松岡の要求を受け入れ、武力行使も可とする案とした。すなわち武力進駐のオプションを含めたかたちで、「南方施策促進に関する件」が武藤の指示のもと陸海軍主任者間で起案されたのである。

この点について、武藤の腹心だった石井秋穂軍務課高級課員はこう回想している。

〈六月五日の連絡会議後、陸海軍両軍務局長は松岡外相と懇談し、仏印南部に航空基地と港湾施設とを獲得し、かつ軍隊を駐屯させるという方策を、外交交渉に取り上げるよう要請したが、外相は反対した。

そのさい外相は、「自分は統帥部に決意があるかと、すでに二度までも仕向けてみたが返事はなかった。泰や仏印はすぐに英米に告げる。英米は機先を制してやってくる。自分は実行と決すれば三日で話をつけるが、軍は大丈夫ですかい」と反問した。

　懇談から帰った武藤局長は……私に対し「もはや話は簡単ではない。南部仏印に我が軍隊を［武力］進駐せしめるという徹底した案を起草せよ。それで押していく。進駐だぞ」と命じた。〉（「石井秋穂大佐回想録」）

〈昭和十六年六月五日夕刻、武藤軍務局長は……松岡外相と懇談せる模様を伝えた。……武藤氏はやや激高した調子で「もはや進駐だぞ、それで行く。そういう政策を書け」といった。［武藤らが］外相に提示した政策は……広義の進駐であるが、平和進駐である。武藤氏がやや激高して「進駐」に変わったのは、徹底した案でないとかえって松岡を納得せしめ難《がた》しと看取せる結果である。武藤氏の進駐とは武力進駐である。〉（防衛庁防衛研修所戦史室『大本営陸軍部大東亜戦争開戦経緯』第四巻）

　つまり、六月上旬、武藤は当初、外交交渉による進駐（「平和進駐」）を松岡外相に提案した。だが、松岡は武力行使の決意を迫り、説得できなかった。そこで、何とか外交交渉に入るため、松岡の主張を受け入れ、「武力進駐」案すなわち武力行使も可とする案とした、というのである。したがって、「南方施策促進に関する件」での対仏印武力行使容認は、松岡を交渉に着手させるための説得手段であり、武藤自身が英米に対して戦争を決意していたわけではなかった。参謀本部戦争指導班も「陸海本当の決意にあらず。外相説得の一手段なり」（戦争指導班『機密戦争日誌』）とみている。武藤は、この主導権を握ろうとする松岡の権謀をわかりながら、南部仏印進駐の必要から、武力進駐を容認せざるを得なかったのである。

こうして「南方施策促進に関する件」には、「自存自衛」上やむをえない場合には、「英米に対し武力を行使する」との表現が入れられた。

ではなぜ、松岡はそのような態度をとったのだろうか。

松岡は、アメリカに対し強硬な態度をとっており、アメリカとの交渉は断固たる強硬姿勢で臨まなければならないと考えていた。だが、内心では、あくまでも対米戦回避の考えだった。このことは今ではよく知られている。そしてまた、松岡は、南部仏印進駐は必ずしも対英米戦を誘発するとは考えていなかった。松岡が南部仏印進駐は対英米戦を誘発すると本当に考えていたなら、南部仏印進駐に最後まで反対しただろう。ところが陸海軍が対英米戦の決意を示すと、簡単に南部仏印進駐を認めている。このことが、松岡が南部仏印進駐は対英米戦を誘発すると本当には考えていなかったことを示している。つまり松岡は南部仏印をめぐる情勢判断をあやまり、政治闘争の具としてしまったことになる。

このような松岡の動きは、武藤にとって陸軍の政策遂行の阻害要因となっていた。

さらに、松岡は、六月二一日の「日米諒解案」の米国案が三国同盟からの離脱を求めていること、また、その際のハルの口上書が松岡を非難していたことなどから、日米交渉の打ち切りを強く主張した。

しかし、近衛首相のみならず、陸海軍ともに日米交渉の継続を望んでおり、近衛は松岡を排除するかたちで、一九四一年（昭和一六年）七月一八日、第三次近衛内閣を組閣した。外相には、穏健派で海軍出身の豊田貞次郎前商工相が就任した。松岡は独自の政治勢力をもっておらず、その発言力は近衛首相の信任によっていた。したがって、この後、松岡は急速に政治的影響力を失っていく。

この頃、武藤は松岡について、「松岡は協調性がない。あれでは一定の地位に長くとどまることはできない。……彼が何を考えていたのか、オレは結局解らなかった」（「石井秋穂の手記」『軍務局長武藤章回想録』）と批判的に評している。

このように武藤ら陸軍にとっても厄介な存在となってしまった松岡だが、六月の独ソ開戦までは、ともすれば陸軍の動きに警戒の念をもっていた外務省にあって、日独伊三国同盟を結び、ソ連との連携まで推進した松岡外相は、陸軍の構想を実現してくれる重要な存在だったといえる。

「南方施策促進に関する件」は、六月一二日大本営政府連絡懇談会で決定され、七月二日の御前会議決定「帝国国策要綱」にも組み込まれた。

これに基づき、七月一四日、フランス・ヴィシー政府に進駐を申し入れた。そして、一九日、仏側の同意・不同意にかかわらず、進駐を実力でも開始するとの回答要求を示した。二一日、フランス政府はやむなく進駐を受諾。七月二八日、日本軍は進駐を開始する。

こうして南部仏印進駐は、武力行使の威嚇による進駐となった。実際の武力行使はなかったが、外交交渉による平和的進駐とは、とうてい言えないものだった。

日蘭交渉の行きづまり

では、なぜ武藤は、一九四一年六月上旬の時点で、武力進駐のオプションを認めてまで、南部仏印進駐への交渉着手を急いだのだろうか。

かりに、同年夏にドイツの対英上陸作戦が実施されるとしても、進駐決定から航空基地が使用可能となるまで、三、四ヵ月を要する。それでは、ドイツの対英攻勢と呼応して、南部仏印基地からシンガポールなどを攻撃するには、とうてい間に合わない。したがってドイツとの連携が、武藤が米英武力介入の危険を冒してでも、南部仏印進駐実施を急いだ理由とは考えられない。

この点について、当時、参謀本部作戦課員だった高山信武は、戦後、次のように証言している。服部卓四郎作戦班長によれば、「日蘭交渉」の行きづまりによって、「平和的に」石油など南方資源を輸入することは難しくなってきている。そこで、この方面（南部仏印）から「南方資源地帯に圧力をかけ、力によって物資の導入を図ろう」との考えが陸海軍に起こってきた。そのために、「南部仏印に所要の兵力を進駐させる」必要があるとの判断になった（高山信武『服部卓四郎と辻政信』）。これは六月二九日付の服部からの伝聞である。

つまり、南部仏印に兵力を進駐させることによって、蘭印当局に軍事的圧力をかけ、日蘭交渉の現状を打開しようとしていた、というのである。

日蘭交渉とは、日本と蘭印当局との間で、前年（一九四〇年）九月から続けられていた通商交渉（「日蘭会商」）である。日本側は、石油、ボーキサイトなど戦略物資の大量買い付けを希望していたが、蘭印当局は受け入れなかった。

オランダ本国はドイツに占領されていたが、オランダ政府はイギリスに亡命するかたちで存続していた。蘭印は、その亡命政府の管轄下にあった。したがって、三国同盟でドイツと提携した日本に、強い警戒感を抱いていたのである。六月上旬には、日蘭交渉はすでにデッドロックに乗り上げており、芳澤謙吉代表は、交渉打ち切りを松岡外相に請訓。一一日、大本営政府連絡懇談会で交渉打ち切りが決定された。六月一七日、芳澤代表は、会商の打ち切りと代表団の引き上げを通告した。その後は、総領事による交渉を随時おこない、石油問題については関係者のみが交渉を続行することとなった。

南部仏印進駐は、このような姿勢の蘭印当局に軍事的圧力をかけ、石油など必要物資を入手することを意図したものである。それが進駐決定の理由だ。そう服部は述べたとされている。
このことについては、富岡定俊海軍軍令部作戦課長も、戦後こう回想している。南部仏印進駐の動機は、「オランダを威嚇して油を売らせようとした」ことにある。相手は「亡命政権」だから「威嚇すれば売ると思った」。ただ、その成否の確率は「五分五分」と判断していた、と（富岡定俊「戦争指導」『太平洋戦争と富岡定俊』）。

武藤ら軍務局でも、蘭印については、武力行使の威嚇による、南部仏印からの「遠ねらみ」が必要だと考えていた（「石井秋穂大佐回想録」）。

じっさい、大本営政府連絡懇談会（一九四一年六月一二日）で採択された「南方施策促進に関する件」には、「蘭印派遣代表の帰朝に関連し」との文言が含まれている。

しかし、二ヵ月前（一九四一年四月）に陸海軍間で決定した「対南方施策要綱」の段階では、南部仏印への武力行使は、対英米戦を誘発するとして否定されていた。仏印との軍事的結合関係の設定は、武力によらず、外交交渉によるとされていたのである。また、陸海軍ともに英米不可分の見方となっていた。

それが、六月の時点では、どうして、南部仏印への武力進駐によっても、対英米戦には至らないと判断されていたのだろうか。先にもふれたように、「南方施策促進に関する件」での文面上の対米英戦決意は、松岡を進駐交渉に着手させるための説得手段にすぎなかった。陸海軍とも、実際にはその決意はなかったのである。

この点について少しみておこう。当時、シンガポール、英領マレーの占領には相当の陸上兵力が必要だと考えられていた。ことにシンガポールは、東洋におけるイギリス最大の軍事基地であり、極めて厳重な防御体制をとっていた。イギリスにとって、シンガポールを失えば、インド洋にも日本海軍の力が及び、東南アジアばかりでなく、インドやオーストラリアからの物流が切断されることになるからである。そのため、南部仏印からシンガポールを爆撃することは可能だが、占領するには陸上兵力を派遣する必要があった。

だが、シンガポールや英領マレー領域に、かなりの規模の陸軍部隊を海上ルートで直接派遣し、敵前上陸させることは極めて困難とされていた。ちなみに、松岡は海上ルートからシンガポールに侵攻する意図をもっていたとされているが、それは軍事的観点からみれば不可能なことだった。

それゆえ陸軍も、対英作戦がはじめて組み込まれた「昭和十四年度作戦計画」において、こう想定していた。シンガポール攻略は、南部タイのシンゴラに上陸し、陸路マレー半島を縦断南下して実行する。タイ領への上陸は事前の外交交渉によってタイ政府の了解を取り付けてから決行する、と（『大本営陸軍部　大東亜戦争開戦経緯』第三巻）。ただ、タイへの進駐は米英を警戒させるとして、実際には開戦直前になされた。

そのためにはタイとの提携が必要となる。それが「対仏印・泰施策要綱」以来、日本がタイとの軍事的、政治的結合関係を求めた一つの要因だった。

このような見方はイギリス側も同様で、英領マレーへの日本軍の侵攻は、タイ南部のクラ地峡（シンゴラを含む）からだとみていた（アントニー・ベスト『大英帝国の親日派』）。じっさい、太平洋戦争開戦時も、シンガポール・マレー攻略部隊の主力と軍司令部は、タイ・シンゴラに上陸しマレー半島を南下している。マレー半島北部に敵前上陸したのは、攻略部隊の一部のみである。

したがって陸軍は、タイに兵力を進めれば、イギリスは強い危機感をもち、「米英の反発は必至」だと考えていた。それゆえ逆に、南部仏印までなら兵力を進駐させても、対米英戦に至るような強い反発はないだろうと判断していた（高山信武『参謀本部作戦課の大東亜戦争』）。南部仏印なら、シンガポールは爆撃圏内に入るだけで、直接攻略することは困難だからである。

これが、南部仏印に武力進駐しても、戦争に至るような決定的な事態にはならない、と判断していた大きな要因だと推測される。もちろん、進駐は米英を刺激し、対両国関係は悪化するだろうとはみられていた。だが、それだけ、この段階での蘭印石油確保への渇望が切実だったのである。

また、武藤の腹心だった石井秋穂は、「当時海軍省軍務局の某局員［藤井茂］は、私に対し『よいか南部仏印が武力南進の限界だぞ。これで……米とゴムと某《なにがしか》程度の錫が確実に握れる。油は遠睨みに睨めば蘭印もいつかは言うことを聞くであろう』と念入りに主張し、私は『その通りだ』と同感の意を表したことを明確に記憶する」（同右）としている。武藤自身のこの問題についての発言は残されていないが、彼もまた同様に考えていたと思われる。

その後、この「南方施策促進に関する件」に基づいて、実際に武力行使の威嚇による南部仏印進駐がおこなわれる。そして、そのことがアメリカの対日全面禁輸という重大な結果につながっていくこととなる。

南部仏印軍事進駐を開始

独ソ開戦後の一九四一年（昭和一六年）七月二日、南部仏印進駐の準備命令が下され、兵力約四万の進駐部隊が中国南部の海南島に集結した。七月一四日、駐仏日本大使は、フランス・ヴィシー政府に、航空基地の建設と、サイゴンほかの港湾の整備と海軍基地としての使用管理、必要な兵力駐屯などを要求する。

さらに、一九日、フランス側の同意・不同意にかかわらず、七月二四日には進駐を実力でも開始するとの最終的回答要求を示した。武力行使の威嚇による進駐要求だった。二一日、やむなくフランス政府は進駐を受諾。七月二八日、日本軍は南部仏印への進駐を開始し、航空基地をはじめ各種軍事施設を設営した。

これによって東南アジアにおけるイギリス最大の根拠地シンガポールを直接空爆圏内におさめることとなった。また、さらなる南方作戦のための艦隊基地を獲得したのである。この南部仏印進駐は、蘭印に対する軍事的圧力となり、交渉が難航している「日蘭会商」における蘭印側の態度を軟化させる効果も期待されていた。

蘭印には、生ゴム・錫・ニッケル・ボーキサイトなどの重要資源とともに、豊富な埋蔵量の石油があり、日本は早くから石油の供給先として注目していた。一九四〇年（昭和一五年）一月に日米通商条約が失効し、石油その他の重要資源の安定的輸入に不安が生じると、重要軍需資源とりわけ石油の安定的確保をはかるため、九月一三日、代表団を派遣し蘭印当局との外交交渉を開始した（日蘭会商）。ちなみに、オランダ本国は五月にドイツに占領され、政府はイギリスに亡命していた。

九月二七日、日独伊三国同盟が締結されると、蘭印側は日独接近に警戒感を強め、翌年に入っても交渉は難航し、六月中旬には、いったん日蘭会商は打ち切られた。その後日本からの代表団は帰国したが、総領事による現地での交渉は継続されていた。この日蘭会商打ち切りも、南部仏印進駐の一要因となった。南部仏印からの軍事的圧力による蘭印当局の態度軟化が期待されたのである。

対日石油禁輸措置を招く

だが、七月一四日の南部仏印進駐要求、二一日のフランス政府受諾後、七月二四日、ルーズベルト大統領は野村駐米大使に、日本軍の仏印からの撤退を勧告し、仏印の中立化を提案した。また、国内の強硬な対日世論のため、やむなく石油の全面禁輸に踏み切らざるをえない状況を説明し、その実施を示唆した。

さらに、ルーズベルトは、日本が蘭印の石油獲得に向けて武力進駐を強行すれば、イギリスは蘭印を援護するため対日戦を覚悟している。その場合は、アメリカもイギリスとの関係から日本に武力行使の可能性がある、との重大な警告を発した。

翌七月二五日、アメリカは在米日本資産の凍結を発表。二六日にはイギリス、二八日にはオランダ・蘭印当局も、同様の措置をとった。そして、日本軍の進駐開始直後の八月一日、アメリカは日本に対する石油輸出を全面的に停止した（正確には石油を輸出許可制としたが、これ以後、日本には全く輸出されなかった）。それまで日本は石油の必要量の七割あまりをアメリカから輸入しており、残りは、蘭印、北樺太などからのものであった。なお蘭印は、すでに日本軍の進駐開始当日の二八日、日蘭石油協定を停止し、対日石油供給を差し止めていた。

このアメリカの対日石油禁輸措置によって、北方武力行使は延期され、さらに、武藤ら陸軍中央は対米英開戦を決意することとなる。先の「対南方施策要綱」において、自存自衛のため武力を行使せざるを得ない事態として、英米蘭などからの対日禁輸を受けた場合が想定されていた。南部仏印進駐によって、まさに、そのような事態に立ち至ったのである。

アメリカは、二年前の一九三九年（昭和一四年）七月、日本軍による天津英仏租界封鎖をうけ、日米通商条約の破棄を日本に通告し、翌年一月、条約は失効した。その後、同年（一九四〇年）六月日本は援蔣ビルマ・ルートの閉鎖をイギリスに要求。七月、アメリカは屑鉄・石油以外の軍需物資の輸出許可制を決定し、事実上日本への輸出を禁止した。同月、イギリス政府はビルマ・ルートの三ヵ月閉鎖を決定。アメリカはこの動きに対して、石油・屑鉄も輸出許可制とし、航空用ガソリンの対日輸出を禁止した。

九月、日本の北部仏印進駐、三国同盟締結に対して、屑鉄についても対日禁輸を決定。そして、翌一九四一年（昭和一六年）八月、南部仏印進駐に対する石油の対日禁輸措置によって、対日全面禁輸となったのである。

イギリスも、同年五月、イギリス本国および英領マレーからの日本へのゴム輸出を禁止するなどの対日禁輸措置をとっていた。

第七章　対日石油全面禁輸へ
——アメリカの戦争決意

フランクリン・ルーズベルト

一　南部仏印進駐をめぐる対立

南部仏印進駐について、武藤ら軍務局は、「〔米英と〕戦争にならない枠の間で南進」し、南部仏印を進駐の限度とする、と考えていた（「石井秋穂大佐回想録」）。だが、実際は南部仏印進駐を契機に、アメリカの対日石油全面禁輸措置（一九四一年八月一日）を受け、対米英開戦となっていく。

陸海軍首脳部・幕僚のほとんどは、南部仏印進駐を契機とするアメリカの対日石油全面禁輸を全く予期していなかった。

たとえば、参謀本部戦争指導班は、南部仏印に対するアメリカの反応について「全面禁輸とは見ず。米はせざるべし」と判断していた。そして後にそのことを、「本件第二〇班［戦争指導班］の判断は誤算あり。参謀本部また然《しか》り。陸軍省もまた然りしなり」と自ら注記している（戦争指導班『機密戦争日誌』）。

また、佐藤賢了陸軍省軍務課長も、戦後の回想で、「これ［南部仏印進駐］によって日米戦争が起こるとの予想も覚悟もなかった。……米国の領土でもない南部仏印に進駐したからといって、米国が対日戦争をしかけるいわれはないと考えたからであった」と述べている（佐藤『大東亜戦争回顧録』）。つまり、日米戦への契機となる全面禁輸を、全く予想していなかったというのである。

田中新一作戦部長も、「米英が真面目なる武力行使によって、日本軍の南部仏印進駐を阻止するものとは思われない」との判断をもっていた（田中新一「大東亜戦争への道程」）。

先の石井の回想にあるように、南部仏印進駐を仏印当局に要求した当初は、武藤もまた同様だった。

だが、日本の進駐要求をフランス側が受諾した翌々日の七月二三日、武藤は陸軍省局長会議で、次のような発言を残している。

〈「仏印進駐により、わが国と英国との衝突の危険増大すべきも、平和進駐の形式でいくゆえ、多少緩和するであろう。ただし諸情報を総合するに、米国の資金凍結、英国の輸出統制強化等一連の経済圧迫を受くることは当然予期せざるべからず。米国よりの物資移入はもはや全然これを期待し得ざるべし」〉（金原節三『陸軍省業務日誌摘録』前編）

すなわち、南部仏印進駐は、諸々の情報から、アメリカの資金凍結、英国の禁輸強化などが予想される。またアメリカからの全面禁輸（石油を含む）もありうる、としている。さらに、南部仏印進駐が武力行使によらなくとも、アメリカの対日禁輸強化を引き起こし、全面禁輸となる可能性も考慮していたのである。

実際に、その二日後の七月二五日、アメリカは在米日本資産を凍結し、翌二六日にはイギリスがこれに倣《なら》い、八月一日には、アメリカが対日石油全面禁輸に踏み切った。

ちなみに、野村駐米大使は、アメリカの対日禁輸は残すところ石油のみである、アメリカは、何かあれば、石油についても全面禁輸の断行に躊躇《ちゅうちょ》しないだろう、そして、もし独ソ戦に関連して南方武力行使の実施を決意しているなら、日米関係調整の余地は全くなくなる、との情報を外務省に寄せていた（『太平洋戦争への道』第七巻）。また、南部仏印進駐はシンガポール、蘭印への第一歩とみられており、国交断絶一歩手前まで行くものと思われる、との情報も伝えていた（野村吉三郎『米国に使して』）。

武藤が軍務局長として外務省から得ていた情報には、このような野村情報も含まれていたと思われる。実際の南部仏印進駐において直接の武力行使はなされなかったが、武力による威嚇によってフランス側に進駐を強要したことは、野村の危惧していた事態だったといえよう。

さらに武藤は、こうも考えていた。米英からの経済圧迫が強化されてくれば、万難を排してこれを打開しなければならない時期がくる。その時は米英との武力衝突となる、と。

つまり、南部仏印進駐が、対日全面禁輸を引き起こすのみならず、さらにそのことが対米英戦につながっていく可能性も念頭に置いていたのである。

対ソ戦阻止としての南部仏印進駐

ではなぜ、この時点で、アメリカの対日全面禁輸の可能性を想定していたにもかかわらず、武藤は、南部仏印進駐の実施に踏み切ったのだろうか。

その点について武藤自身は、田中ら参謀本部が「しゃにむにソ連に飛びかかりそうなので、それを防ぐのが狙いだ」との言葉を残している（「石井秋穂の手記」『軍務局長武藤章回想録』）。つまり、関特演を推進してきた田中ら作戦部が、対ソ攻撃にでるのを阻止するのが目的だったというのである。

これは、いったい何を意味しているのだろうか。南部仏印進駐がどのような意味で対ソ開戦を阻止する効果があると考えられていたのだろうか。

というのは、南部仏印進駐は、北方武力行使を意図していた田中ら参謀本部も推進していたものだったからである。むしろ武藤ら軍務局より熱心だったといえる。海軍の一部にも、南部仏印進駐によって、対ソ開戦に逸《はや》る陸軍を南方に牽引しようとする動きがあった。だが、そこで念頭に置かれていた牽引力は、仏印側と陸軍との軍事紛争であったと思われる（その頃、海軍はまだそれ以上の南進すなわち対米英戦を決意してはいなかった）。

だが、そのような事態への対応は、田中も事前に十分考慮に入れていた。たとえ仏印軍との軍事衝突がおこっても、対ソ開戦に影響がないよう、それに十分対応できるだけの大規模な部隊（約四万）を進駐させる作戦計画を立てていたのである。南部仏印進駐による仏印側とのトラブルは田中にとって想定内のことであった。したがって、南部仏印進駐それ自体では、対ソ開戦を阻止する力にはほとんどなりえなかった。

田中は、南部仏印進駐の必要性について次のように考えていた。

仏印・タイは、日本にとっての第一補給圏であり、どのような場合でもこの地域の資源を欠いては、長期の国家総力戦に対応できない。したがって、対ソ戦遂行のためにも仏印・タイの確保は必須である。南部仏印への兵力進駐によって全仏印を実質的に掌握し、タイにもにらみを利かせることができる。また情勢によってはビルマ進駐のための基地にもなる。しかも、日本が南部仏印を戦略的に活用できるようになれば、日本にとって東南アジア全域に対する跳躍台となりうる、と。

一方、武藤は何を考えていたのだろうか。

当時、関特演によって集結した陸軍大部隊が、ソ満国境において極東ソ連軍と一触即発の状態にあった。武藤は、田中作戦部長が、かねて好機を「作為」してでも武力行使に踏み切るべきだと主張していたことなどから、田中らが何らかのきっかけをつかんで対ソ攻撃に出るのではないかと強く危惧していた。武藤の判断では、それは北方での対ソ戦と同時に、南方での対米英戦を引き起こすことになる、つまり同時に南北両面戦争となることを意味した。

というのは、日本が北方で対ソ戦に踏み切れば、ソ連を支援している米英は日本への資源供給を完全に断つだろう。ソ連の対独抗戦の継続が、米英にとって決定的に重要だからである。そうなれば、南方でも、日本は石油・生ゴム・錫などの資源、とりわけ石油資源を求めて英領植民地や蘭印への武力行使を行わざるを得なくなり、結局対米英開戦となる。武藤はそう予想していたのである。

武藤ら軍務局を含む陸軍省は、「北は希望、南は必然。北をやれば南は必ず火がつく」との情勢判断だった(『機密戦争日誌』、七月二三日)。つまり、南方進出は、大東亜共栄圏の建設にとっては「必然」的な要請であり、いずれは実行しなければならない。だが、北方武力行使によるソ連の脅威の排除は、実現できれば望ましいという意味での「希望」にすぎない。にもかかわらず、不用意に北方武力行使を行えば、南方でも十分な軍事的準備もないままに戦争となりかねず、南北同時戦争となる、と武藤は考えていた。

また、陸軍省のみならず海軍も、資源的には何も得るところのない対ソ戦で消耗戦となり、米英から資源が断たれ、対米英開戦に追い込まれることを最も恐れていた。彼らにとっても、それは、南北両面での対米英ソ同時全面戦争という状況に陥る最悪の選択だった。

この頃、武藤自身、南北両面戦争になることを避ける努力をしているが、南北同時戦争となる事態に立ち至るかも知れない、との趣旨の深刻な言葉を残している。

〈「北方といい、南方といい……二正面作戦となることを避けるよう努力していても、いつか究極においては、南北同時に行動しなければならぬという事態に立ち至ることとあることを、覚悟せざればなるまい」〉（金原『陸軍省業務日誌摘録』前編）

そこで武藤は、南北同時戦争に陥ることを回避するには、彼自身、対日禁輸強化を危惧していた南部仏印進駐実施を容認し、まずは対ソ開戦が不可能な状況を選択するしかないと考えていたと思われる。田中ら参謀本部が「しゃにむにソ連に飛びかかりそうなので、それを防ぐのが狙いだ」との武藤の発言は、このようなことを意味していた。関特演が実施され、関東軍の増強を実現してしまう状況に至り、対日禁輸強化の危険を冒してでも、対ソ攻撃を阻止する必要があると判断したのではないかと思われる。

事実、田中ら参謀本部は、南部仏印進駐によるアメリカの対日石油全面禁輸によって、北方武力行使を断念する。

これ以後、武藤の基本的戦略は、いかにして、アメリカとの妥協によって、日米戦を回避するかに集約されていく。すでにアメリカの対日全面禁輸を受けている状況のなかで、対ソ開戦を阻止し、日中戦争の処理をみすえながら、アメリカとの交渉をいかに進めていくか。田中ら陸海軍内の強硬派を抑え、アメリカに対してどこまで妥協を示しうるのか。アメリカは、どこまで彼らの要求をのめば、対日禁輸をゆるめ、関係改善に向かうのか。武藤は困難で大きな課題に直面することになる。

二　対日石油全面禁輸——ルーズベルトの対日戦争決意

前にもふれたように、ルーズベルト大統領らアメリカ政府は、戦略的にいわゆるヨーロッパ第一主義をとっていた。欧州戦局を重視し、まずはドイツの打倒に向けて全力を振り向けるべきだとの考えだった。それゆえ、イギリス本国への物的、軍事的援助と対独参戦準備に全力をあげていた。

一方、対日政策としては、原則的には強硬姿勢をとりながらも、対日戦を回避し、種々の牽制策によって日本の軍事的膨張を抑止しようとしていた。そのような対日牽制策として、外交上の警告、日米通商条約の破棄、重要物資の輸出制限、米艦隊のハワイ駐留、さらにはアジアの英領植民地や蘭印への援護、重慶国民政府への支援などの方法がとられた。

したがって、アメリカ政府内でも、日本の南部仏印進駐への対応について、意見が分かれた。アメリカ政府は、七月上旬には、マジック情報などにより、南部仏印進駐の動きをつかんでいた。ホーンベック国務長官特別顧問（元国務省極東部長）らの対日強硬派は、対日圧力を強めれば日本は最終的に譲歩すると判断していた。これにたいして、グルー駐日米大使ら知日派は、日本を追い詰めると開戦に踏み切る可能性がある、と警告していた。

ルーズベルト大統領やハル国務長官は、かねてから、石油の全面禁輸は日本を蘭印に向かわせると考えていた。

したがって、一九四一年八月一日に発表された対日石油輸出制限強化は、必ずしも即時全面禁輸を意味するものではなかった。それは、日本が一九三五～三六年度に購入したのと同量までの、原油、低質ガソリンなどについては、輸出許可証および凍結資金解除証を発行する、との内容を含んでいた。輸出制限ではあるが、全面禁輸ではなかったのである。

ちなみに、二四日の閣議で、ルーズベルトは日本への石油輸出を継続するよう指示している（三輪宗弘『太平洋戦争と石油』）。

フランス政府は、すでに七月二一日に、日本の南部仏印進駐要求を受諾していた。

また、七月一八日、ルーズベルトは、「石油禁輸は日本を駆ってインドネシアに向かわせる惧《おそ》れあり」として、全面的石油禁輸に反対することをくり返し述べている（ディーン・アチソン『アチソン回顧録』）。その四日前には、日本がフランスに南部仏印進駐要求を突き付け、アメリカ政府もそのことを知っていた。

ハル国務長官も、八月二日に、次のような趣旨の発言を残している。日本を止めるには「武力以外にはない」。しかし「ヨーロッパでの軍事的事態が結末を迎えるまで」、どれだけ長く状況を「操作できるか」が重要な点であり、「我々の目的」は、日本のさらなる行動を「遅らせる」ことにある、と（Memorandum by Mr. Cecil W. Gray, F. R. U. S., 1941）。なお当面日本との武力衝突を回避しようとしていたのである。

しかし、実際には八月一日以降、石油は事実上の全面禁輸状態となった。モーゲンソー財務長官やイッキーズ内務長官、アチソン国務次官補など対日強硬派の意向で凍結資金解除証が発行されず、日本側は石油購入代金の支払いができなかったからである。

ルーズベルトやハルが、石油が対日全面禁輸の状態となっているのを知るのは九月上旬だが、彼らもその時点では、対日全面禁輸状態を容認した。

ソ連崩壊への危機感が対日戦を決意させた

ではなぜルーズベルトやハルは、日本への石油全面禁輸を認めたのだろうか。石油禁輸が日本を南方（蘭印）に向かわせると考えていたにもかかわらず、なぜアチソンらの措置を容認したのだろうか。

八月一日の対日石油輸出制限強化は、おもに日本の南方進出への警告的意味をもつものだった。しかしルーズベルトは、輸出制限強化は警告的なものに止め、日中戦争前のレベルで対日石油輸出を認めるつもりだった。だが、アチソンやイッキーズなどの措置によって、八月一日以降、事実上の全面禁輸状態となった。それを九月上旬に知ったルーズベルトやハルは、全面禁輸の事態を容認したのである。

この頃、ルーズベルトらアメリカ政府は、独ソ戦において、ドイツの攻勢をうけソ連軍が危険な状況に陥っていると判断していた。

事実、七月から八月にかけて、ドイツ軍の進撃によってソ連は危機的な状況に陥りつつあった。九月五日、ルーズベルトは、チャーチル経由でスターリンの書簡を受け取った。それは、独ソ戦による最近のソ連の惨状を綿密に綴ったもので、ソ連は死滅寸前の敗北の危機にある旨が記されていた（ウォルドー・ハインリックス「『大同盟』の形成と太平洋戦争の開幕」細谷千博ほか編『太平洋戦争』）。マイスキー駐英ソ連大使は、ソ連はドイツと単独講和するかもしれないと発言していた。

ソ連の対独抗戦崩壊（対独講和）の危機感を強めたアメリカ政府は、対英支援用軍需物資を急遽《きゅうきょ》、対ソ援助に大量に振り向けるなどの緊急の対応策をとった。

もし、ソ連の対独戦線が崩れれば、ソ連は屈服し、再びドイツがイギリス本土侵攻に向かうとみられていたからである。それは前年よりはるかに強力なものとなり、イギリスに本格的な危機が訪れると考えられていた。イギリスの敗北は、アメリカにとってヨーロッパでの足がかりを失うこととなり、安全保障上、許容しえない状況に陥ることを意味した。

そのような観点から、アメリカ政府は、関特演によるソ満国境への日本軍の大動員に強い警戒感をもった。西部の対独戦で苦境にあるソ連軍が、東部から日本軍の攻撃を受ければ、ソ連にとって最悪の事態になることも想定されたからである。

それゆえ、ルーズベルトは南部仏印進駐の機をとらえて、在米日本資産凍結と対日石油輸出制限、さらには全面禁輸という強硬措置に踏み切ったのである。それは、日本の対ソ攻撃を阻止するためだった。

日本は、石油の供給が止まれば、石油を求めて南方に向かわざるを得ない。つまり日本が英領マレーから蘭印に向け、武力行使を行うことになっても、やむを得ないと判断したのである。そのことは日英戦争となり、やがて日本と英米が戦争状態となることを意味した。ルーズベルトは、対日戦を賭しても、ソ連崩壊を食い止めようとしたのである。それだけ、日本の対ソ開戦によるソ連崩壊への危機感が強かったといえよう。

対日石油全面禁輸によって、日本は日米開戦、南方武力行使を決意するが、ルーズベルトもまた、日米戦となることを覚悟して、対日石油全面禁輸を容認したのである。

この時、ソ連軍の崩壊をくい止めることが、ルーズベルトにとって喫緊の課題であった。日本軍による北進の脅威が去れば、ソ連は極東軍を対独戦線の大幅な強化にあてることができる。それは当時のソ連にとって死活的な問題と判断されていた。ハルもまたルーズベルトのこのような意向に異を唱えなかった。

南部仏印進駐に対するアメリカの対日石油全面禁輸は、一般には日本のさらなる南方進出を抑制するためだったと理解されている。しかし、ルーズベルトやハルは、かねてから、石油の全面禁輸は日本を蘭印に向かわせると考えており、そのような解釈と矛盾する。

先にみたように、実際には、対日石油全面禁輸は、日本の北方での本格的な対ソ攻撃を阻止するためであったのである。ソ連の崩壊は、ソ連の資源と工業力をドイツにもたらす。したがって、より大規模な攻撃力でドイツを再びイギリスに向かわせることになる。アメリカにとって、イギリスの崩壊は安全保障上、絶対に阻止しなければならないことだったのである。

いずれにせよ、アメリカの対日石油全面禁輸と、その後の対日戦決意は、イギリスの存続のためにおこなわれたといえよう。

これ以後、武藤は、日米交渉による対米戦の回避に全力を傾けていく。「日米戦争は日本の自殺行為だ。あくまで外交交渉を成立させねばならぬ」と彼は考えていた（武藤章『比島から巣鴨へ』）。武藤と近い関係にあった矢次一夫も、「日米戦えば、いかに考えてみても、研究してみても、日本に勝ち目はない。どうしたら戦わずに済むかと、このところ心肝を砕く思いをしている」との武藤の発言を聞いている（矢次『昭和動乱私史』下巻）。

他方、アメリカの全面禁輸によって、北方武力行使を延期せざるをえなくなった田中は、強硬に南方武力行使、対米英開戦を主張。武藤と激しく衝突することとなる。

第八章　日米開戦への道

東条英機

一　交渉継続か開戦決意か

一九四一年（昭和一六年）七月二三日、日米諒解案にもとづく日米交渉は、アメリカ側から打ち切られた。日米交渉の最中に日本が南部仏印進駐の動きを見せたことから、交渉継続の基礎なしとされたのである。

また、七月二四日、ルーズベルトは野村吉三郎駐米大使と会談し、「もし日本が武力をもって蘭印の石油を奪取しようとすれば日本と英・蘭との間で戦争が起こることになろう。さらにアメリカの対英援助政策と関連して事態は直ちに極めて重大な局面に発展していくであろう」との注目すべき発言をおこなった（福田茂夫『アメリカの対日参戦』）。この日、日本は南部仏印進駐命令を発していた。

ルーズベルトは、日本の蘭印攻撃は日英・日米戦争に発展すると事実上警告したのである。そのうえで仏印中立化案を提案したが、日本は受け入れなかった。

一方、アメリカの対日資産凍結、禁輸強化後の八月六日、豊田貞次郎外相はアメリカ政府に仏印以外の地域に進出する意図のないことを伝え、日米間の通商関係の回復を求めた。これは日米交渉の再開を意図したものだった。

この対米提案をはじめこの時期のアメリカとの対応には、武藤軍務局長が自ら外務省に出向いて参画していた。そしてこれ以後、豊田外相時代の対米対応には武藤がすべて関与することとなる（「石井秋穂の手記」『軍務局長武藤章回想録』）。こうして武藤は日米交渉に全力を傾けていく。

だが、田中作戦部長ら参謀本部にとって、日米交渉の再開を目指す豊田外相の動きは容認できないものであり、したがって、それに同調している武藤にも批判的だった。

近衛、日米首脳会談を提案

近衛文麿首相は、対米戦争を回避するため、ルーズベルト米大統領との首脳会談を希望し、八月八日、ホノルルでの日米首脳会談の開催をアメリカ側に提案した。対米譲歩を警戒する陸海軍幕僚の介入を排除して、両国首脳による直接会談によって戦争を回避することを意図したのである。日米首脳会談について近衛は、日米戦争回避のための非常手段を考えていた。それは、中国からの撤兵や三国同盟の実質的破棄など思い切った対米譲歩をおこなってルーズベルトの合意をうる。それを陸海軍の頭越しに直接天皇の裁可を受けるかたちで承認・決定する、というものだった。

この近衛の日米首脳会談構想について、武藤は東条陸相と協議し、現政策の履行を条件に同意した。内心では、近衛の手法での首脳会談による戦争回避に期待をかけていたのである。

一方、田中ら参謀本部は、近衛が三国同盟を弱める方向でルーズベルトと妥協することを危惧して強硬に反対した。

それに対して、武藤は、陸軍が首脳会談を拒否すれば、「近衛は内閣を投げ出す」可能性がある。そうなれば「政変」となり、その「責任」を「陸軍」が負うことになる、と田中らを説得した（田中新一「大東亜戦争への道程」）。内閣更迭による政策転換を恐れる田中ら参謀本部は、やむなく、三国同盟を弱める約束をしないことを条件に了承した。

首脳会談の提案がアメリカ側に示された頃、ルーズベルト米大統領は大西洋上でチャーチル英首相との会談に臨んでいた。そして、八月一四日、英米共同宣言「大西洋憲章」が発表された。

大西洋会談から帰国したルーズベルト大統領は、八月一七日、野村駐米大使と会談し、二つの文書を手交した。一つは日本への警告文である。日本政府が武力やその威嚇によって、隣接諸国に対する軍事的進出を図る行動にでれば、アメリカ政府は必要な一切の措置をとる、との強い内容のものだった。これは、大西洋会談でのチャーチルとの合意に基づくもので、日本のさらなる軍事的進出に対するアメリカの強硬姿勢を示したものといえた。

もう一つは、首脳会談提案に対する応答で、アメリカが従来から主張してきた基本原則に適合するもの以外は考慮されないとし、日本政府のより明瞭な態度表明を求めた。

これに対する回答として、八月二八日、近衛首相の大統領宛メッセージと日本政府声明が、アメリカ側に示された。

近衛メッセージは、両首脳の会談によって、これまでの行きがかりにとらわれず、大所高所より太平洋全般にわたる日米間の重要問題を討議し、最悪の事態を回避したいとの趣旨のものだった。首脳会談にかける近衛の強い熱意を示すもので、会談実現を改めて訴えかけていた。そして、首脳間で大きな合意ができれば、個別的な細部の問題は、それにそって会談後、必要に応じ事務当局が交渉する方法を示唆していた。また政府声明は、日米間の具体的な懸案問題には触れず、一般的、原則的な態度を述べたものだった。

近衛メッセージは、近衛周辺で作成されたが、政府声明の作成には、武藤やその側近だった石井秋穂軍務課高級課員が当初から深く関わっていた。武藤は、政府声明に陸軍側の意見を組み込みながら、そのことが首脳会談の障害にならないよう細心の注意を払っていた。首脳会談の実現を望んでいたからである。石井もその実現の確度はかなり高いと考えていた（石井秋穂「昭和十六年後半期の最高国策の補正」、防衛省防衛研究所所蔵）。

この間、近衛首相の意欲に接したグルー駐日米大使は、軍部の過激派を統制できる政治家は近衛以外にはなく、この機会を逃《のが》すべきでないと、本国政府に意見具申していた。

武藤も、この頃「グルーの斡旋《あつせん》で［首脳会談は］モノになるかも知れないぞ」との言葉を残している（石井「開戦に至る迄の政略指導」）。首脳会談の実現に期待をかけていたのである。もしアメリカ政府が無条件で会談に合意すれば、近衛の意図通り事が進む可能性があると考えていたと思われる。

その後、野村駐米大使から、ルーズベルト大統領も首脳会談に乗り気なことが伝えられ、日本政府や陸海軍は、首脳会談の実現にそなえて、随員の人選などを進めた。その随員には武藤も含まれていた。

突きつけられたハル四原則

九月三日、近衛提案に対するアメリカ政府の正式回答が示された。それは首脳会談には趣旨として賛成である、だが、会談開催に先だち、これまでの懸案事項について事前に日米間に一定の合意が必要だ、としていた。そして、合意が必要な事項の一つとして、四月一六日に日米諒解案が提示された際にハル国務長官から示された、いわゆるハル四原則があげられていた。それは、一、領土保全と主権尊重、二、内政不干渉、三、機会均等、四、太平洋の現状維持、という内容だった。野村駐米大使は、日本政府に日米諒解案を送付した際には、ハル四原則にはふれていなかった。

アメリカの基本的態度としてハル四原則を知らされた武藤は、「これは問題になるぞ。研究しておけ」（「石井秋穂の手記」『軍務局長武藤章回想録』）と部下に指示している。日米交渉におけるその重要性に気づいたのである。

さらに、その数日前、ハル国務長官は、野村に対し、首脳会談実現の前提として、これまでの日米交渉で懸案事項として残されている「特定の根本問題」についての合意が必要である旨を伝えた。

その「特定の根本問題」とは、中国撤兵問題、三国同盟問題、通商無差別原則の問題などだった。近衛メッセージや政府声明では、中国撤兵問題や三国同盟問題には全く触れていなかった。通商無差別の原則については、太平洋地域のみならず全世界に適用されるべきであり、また近接地域間の特殊緊密関係は認められるべきとしながらも、基本的には承認する態度を示していた。

いずれにせよ、首脳会談の実現には、これら妥協困難な問題の解決が前提とされ、事実上会談の早期開催の見通しは立たなくなった。この段階で近衛の企図は、ほぼ水泡に帰したといえよう。首脳会談の実現に期待をかけていた武藤は、おそらく落胆しただろう。

このアメリカ政府の回答を受け、日本政府は、その後、対米提案の作成を始め、陸海軍の意見も含めた包括的な総合整理案の作成を進めていく。

二　「帝国国策遂行要領」の策定

ところで、陸海軍では、アメリカの全面禁輸措置をうけて、新たな国策の立案が進められていた。

八月一日のアメリカ石油禁輸強化措置を、陸軍幕僚は、実質的には対日全面禁輸の発動と判断した（実際に全面禁輸となる）。

翌八月二日、石井秋穂軍務課高級課員は、六月六日決定の「対南方施策要綱」にしたがって、南方戦争開戦を決意し作戦準備を進むべき、との方針を起案した。「対南方施策要綱」は、英米蘭などから対日禁輸を受けた場合は、自存自衛のため南方武力行使に踏み切ると定めてあった。石井はこの案を武藤に提示した。

武藤は、「南方の戦《いくさ》は海軍に口火を切らさねばならぬ」（「石井秋穂の手記」『軍務局長武藤章回想録』）として慎重な姿勢を示した。対米戦の主力は海軍となる。したがって、南方戦は海軍の主導によらなければならない、というのである。

一方、石油全面禁輸によって窮地に立った海軍は「帝国国策遂行方針」を作成し、八月一六日、陸軍側に提示した。その内容は、一〇月中旬を目途として戦争準備と外交を並進させる。一〇月中旬に至っても外交的妥協が成立しない場合は、「実力発動」の措置をとる、とするものだった。

他方、田中作戦部長も、北方武力行使を断念する前には、対米英戦は長期戦となり、軽々しく実行することはできない、断行するには不敗の長期戦態勢の確立を必要とする、との意見だった。この時点では、南北同時両面戦争には慎重だったのである。だが、対日全面禁輸を受けて、八月九日、参謀本部は北方武力行使の延期を決定した後は、急速に対米英早期開戦論に傾斜していた。

海軍の方針に対し、田中作戦部長は、即時に、対米開戦決意のもとに作戦準備を進めるべきと主張した。田中の主張はこうである。海軍と異なり、陸軍の場合、国家レベルの開戦決意がなければ、戦争準備を整えることは困難である。海軍はその性質上開戦決意なくして本格的作戦準備をおこなうことが比較的容易だ。艦艇と航空機およびその人員の動員が基本となるからである。だが、陸軍の戦争準備の主要なものは、大規模な人員の召集や、軍需物資の予想戦場方面への集積、輸送用船舶の大量徴用などである。それらは、戦争決意が国家意志として示されない限り本格的には促進しえない性質のものだ、と。

だが、田中の即時戦争決意論は、そのような物理的な理由からだけではなかった。対米戦争の決意を既成事実化し、それを大前提としようとするものだった。戦争決意が主で、外交は従だ、との見地に立っていたのである。また、田中は自分たち参謀本部強硬派が容認できるような内容での外交的妥結の可能性はほとんどないとみていた。したがって対米交渉を実質的には中止し、開戦企図を秘匿するための偽装外交に止め、戦争一本に絞るべきとの意見だった。

参謀本部内部には田中の主張に抵抗するものもあったが、八月一九日、即時戦争決意を明記した「帝国国策遂行要領」案が作成された。同案は、田中作戦部長、杉山元参謀総長らの同意をえて参謀本部案となり、陸軍省に提示された。

即時戦争決意論VS外交重視論

だが、武藤軍務局長は、できるかぎり外交の余地を残そうとして、即時戦争決意には「難色」を示し同意しなかった（戦争指導班『機密戦争日誌』）。あくまでも日米交渉によって事態の打開を図ろうと考えていたのである。

八月二五日、田中作戦部長と武藤軍務局長の会談がおこなわれ、陸軍案となった。その骨子は、

一、対米英蘭戦争を決意して、一〇月下旬を目途に戦争準備を整える。
二、この間、対米英外交をおこない要求貫徹に努める。
三、九月下旬に至っても要求が貫徹し得ない場合は、ただちに対米英蘭開戦を決意する。

との内容だった。

田中の即時戦争決意論と武藤の外交重視論の双方を取り入れたかたちのものとなっていた。後述する御前会議後の発言などからして、武藤はその間の外交交渉に戦争回避の成否を賭けていたものと思われる。

陸軍案が戦争準備の目途を一〇月下旬としたのは、参謀本部が戦争開始時期を一一月初めと想定していたからである。石油備蓄の減少、日米海軍戦力比率の推移、北方の安全な冬季に作戦行動をおこなう必要、マレー半島攻略の季節的条件などから、それが望ましいと判断されたのだった。

その間、アメリカ政府からの八月一七日の対日警告文について、田中は、ただの脅しととるべきではなく、米英協議の上の対日強硬策とみていた。したがって、日米の艦艇比率や石油備蓄の関係などから、対米開戦は、本年中に、できれば秋までに実施されなければならないと考えていた。武藤は、この警告文について、別に発言や意見を残していない。

武藤ら陸海軍では、こう判断されていた。日米の艦艇比率は、アメリカの大規模な海軍拡張政策によって、一九四一年（昭和一六年）は対米七割五分、一九四二年（昭和一七年）は対米六割五分となる。さらに、一九四三年（昭和一八年）は対米五割、一九四四年（昭和一九年）は、三割程度となる。つまり、来年以降は日米戦の必要最低限度である対米七割を切り、再来年以降は五割となる。それでは、とうていアメリカに対抗できない、と。この認識は田中も武藤も共有していた。

したがって田中は、開戦するとすれば本年一九四一年中であり、それ以降に、日米間で紛争が起きれば、軍事的対抗力を欠く日本はアメリカに屈せざるをえない。それゆえ、首脳会談において外交的妥協がなされるとしても、数年間のものでは意味がなく、十数年は続くものでなくてはならない、との意見だった。

八月二七日、武藤を含め陸海軍部局長会議が開かれ、陸軍案についての検討がおこなわれた。その席上、岡敬純《おかたかずみ》海軍軍務局長は、対米交渉が決裂しても、すぐ開戦決意するのではなく、欧州情勢を見て開戦を決すべきだと主張して、陸軍案に同意しなかった。

「帝国国策遂行要領」の決定

その後も陸海軍部局長会議が開かれ、議論のすえ、九月二日「帝国国策遂行要領」陸海軍案が決定された。

その主な内容は次のとおりである。

一、対米英蘭戦争を辞せざる決意のもとに、一〇月下旬を目途として戦争準備を整える。
二、これと並行して米英に対し外交手段を尽くして要求貫徹に努める。
三、一〇月上旬頃に至っても要求が貫徹できない場合は、ただちに対米英蘭開戦を決意する。

陸軍案からみると、「対米英蘭戦争を決意し」から「対米英蘭戦争を辞せざる決意のもとに」と修正され、開戦決意の時期は、九月下旬から一〇月上旬となった。この修正は、当然、武藤も同意したものだった。

九月三日、大本営政府連絡会議が開かれ、御前会議に提案する国策の原案が承認された。

そこで、陸海軍案の「要求が貫徹できない場合」が、及川古志郎海相の提案をもとに、「要求を貫徹する目途のない場合」に修正された。目途があるかどうかは判断の問題となり、開戦決意も、その判断によって、時期的な幅をもたせることを意図したものだった。

武藤ら軍務局は、「外交手段を尽くして」の文面に、軽い意味ではなく、「外交上のありとあらゆる手段を傾注し尽くして」との強い意味を込めていた（「石井秋穂大佐回想録」）。この陸海軍案の一部修正されたものが、大本営政府連絡会議で決定された。

九月六日、御前会議が開かれ、大本営政府連絡会議決定「帝国国策遂行要領」が承認された。一〇月上旬頃に至っても要求を貫徹する目途のない場合は、ただちに対米英蘭開戦を決意することが、国家意志の最高機関レベルで正式に決定されたのである。

「四方の海」への武藤の反応

この御前会議において、天皇は、明治天皇の御製「四方《よも》の海　みな同胞《はらから》と思う世に　など波風の立ち騒ぐらん」を読み上げ、自身の意志をそれに託す発言をした。

この発言について武藤軍務局長は、自らの意図に重ねて「これは何でも彼んでも外交を妥結せよとの仰せだ」と石井ら軍務局員に伝えている（同右）。

石井は別の回想で、この武藤の発言の後半を次のように記している。

〈「オレは情勢を達観しておる。これは結局戦争になるより外はない。どうせ戦争だ。だが、大臣や総長が天子様に押しつけて戦争に持って行ったのではいけない。天子様が御自分から、心の底から、これはどうしても止むを得ぬとお諦めになって戦争の御決心をなさるよう、御納得のいくまで手を打たねばならぬ。だから外交を一生懸命やって、これでもいけないというところまで持っていかぬといけない。オレは大臣へもこの旨言うとく」〉（石井「昭和十六年後半期の最高国策の補正」）

武藤がこの時点で「どうせ戦争だ」と実際に考えていたかどうかはともかく、軍務局メンバーを、外交に全力をそそぐ方向にむけさせようと意図したことは確かである。軍務局のなかにも、佐藤賢了軍務課長のように、南方武力行使を強力に主張する有力者がいた。天皇の発言を引くことによって、武藤は、その佐藤を含め軍務局が全体として外交交渉に全力を傾けるようにしようとしたといえる。この時期、佐藤のみならず石井秋穂軍務課高級課員らも、全面禁輸によって南方武力行使に急速に傾いていた。

武藤自身は、この頃「日米戦争は日本の自殺行為だ。あくまで外交交渉を成立させねばならぬ」、と考えていた（武藤章『比島から巣鴨へ』）。武藤は、強大な国力をもつアメリカとの戦争は、「一歩を誤ると社稷《しやしょく》［国の存在］を危うからしめる」との深刻な認識に立っていた（石井

「開戦に至る迄の政略指導」）。

ところで、九月六日の「帝国国策遂行要領」御前会議決定について、のちに武藤は次のように述べている。

〈九月六日の御前会議となり、「十月上旬に至るも対米要求貫徹の目途なき場合は、対米英戦を決意す」との決議となった。これには外交をますます積極的に押し進めることが前提となるは勿論であり、十月上旬となれば準備の実行を許容するための決意であって、即開戦でないことは当然であった。〉（武藤『比島から巣鴨へ』）

武藤の主観はあるいはそうであったかもしれない。しかし、参謀本部・軍令部は、対米英戦を決意すれば、一一月初頭に開戦することを想定していた。

これ以後、武藤にとって、すべては一〇月上旬までに目途を設定された日米交渉に焦点が絞られていく。「帝国国策遂行要領」の決定には、いうまでもなく武藤も同意しており、一〇月上旬の期限を目途に日米交渉に全力で取り組むこととなる。武藤自身、日米交渉に一定の期限を切ることは、田中と同様、石油消費や対米戦力比の推移などの軍事的考慮から、一応容認していたものと思われる。

三　日本側「総合了解案」の作成

「帝国国策遂行要領」御前会議決定後、まず対米交渉における日本側要求の内容が問題となった。

日米首脳会談についての米側回答を八月一七日に受け取った日本政府は、外務省や陸海軍を中心に、日米交渉に向けての包括的な総合整理案の作成を進めていた。一方、九月三日の大本営政府連絡会議で、外務省原案で陸海軍の意見も加えた「日米交渉に関する件」が決定された。また、九月六日御前会議決定の「帝国国策遂行要領」には、付属の「別紙」として、対米交渉における要求事項が示されていた（参謀本部編『杉山メモ』）。

武藤は、九月三日の大本営政府連絡会議の開催前、陸軍省軍務局長として自らも参画した「日米交渉に関する件」を、参謀本部首脳に報告し諒解を求めた。そこで、田中作戦部長と武藤の間で激論となった（『機密戦争日誌』）。

石井秋穂軍務課高級課員によれば、「田中第一部長が三国同盟を厳重に遵守せよ」と強硬に主張し激論となったとのことである（石井「開戦に至る迄の政略指導」）。

武藤の示した「日米交渉に関する件」では、日本の対欧州戦態度について、「一般国際通念に基く防護と自衛の観念により律せらる」べきであり、第三国との条約の解釈と実施についても「自主的」に決定するとされていた。武藤と田中の激論は、その文面をめぐってのことだった。

石井はさらにこう述べている。武藤や彼を中心とする軍務局側の態度として興味深い。

〈元来われわれ軍務局側は、春以来、たとえアメリカが欧州戦争に参入しても、日本は馬鹿正直に三国同盟の条約に従って対米開戦することなく形勢を観望すべしとの洞ヶ峠《ほらがとうげ》案を持していたので、対米提案においてこの点〔参戦義務〕を実質上有名無実にするような文句を使うことを辞〔さ〕せない腹構えでいた。したがって武藤軍務局長と田中第一部長との論争は果てそうにもなかった。結局、省・部意見不一致のまま大本営・政府連絡会議が開かれ、帝国国策遂行要領が可決されるとともに、その『別紙』と関連深きこの対米提案〔「日米交渉に関する件」〕も了承された。〉（同右）

アメリカが対独参戦した場合、形勢を観望すべきだと考えていた武藤と、三国同盟を遵守して対米参戦すべきとする田中が対立したというのである。ちなみに、「帝国国策遂行要領」の「別紙」には「註」として、三国同盟について、「三国条約に関する帝国の義務遂行は何ら変更すべきものにあらず」と記されている（『杉山メモ』）。これは田中ら参謀本部のかねてからの強い主張だった。

ただ田中も、アメリカの対独参戦にさいし、「いかなる時機において軍事的援助に入るべきやの最後的決定は、もちろん帝国政府独自の裁量に属す」と考えていた（田中「大東亜戦争への道程」）。自動参戦論ではなく、その意味では、形勢を観望すべきとする武藤と全く相容れないものではなかった。その相違は程度の差だったかのようにみえる。

だが、その含意する方向性は、全く異なっていた。

この頃、田中は、すでに日米開戦不可避論となっており、対米参戦の時期や方法は自主的に決定するが、対米開戦そのものは決意していた。したがって、三国同盟は、アメリカを太平洋、大西洋の両側から軍事的に挟撃し、米戦力を分散させるため、絶対に必要なものだった。そこに、田中が自動参戦を回避しながら、三国同盟の堅持を強硬に主張する理由があった。また三国同盟付属の秘密交換公文（参戦は三国間の協議による）によって、そのことが可能だと考えていた。

これに対して武藤は、対米戦はできるだけ回避すべきで、三国同盟の軍事的協力条項を事実上空文化すれば、その可能性はまだあると判断していた。したがって、アメリカの対独参戦にさいしては形勢を観望し、可能なかぎり対米戦を回避して日米妥協の道を探ろうとしていた。

この相違が、二人の激論の根本的な要因だった。

なお、「帝国国策遂行要領」の「別紙」に付された「註」の文面は、杉山参謀総長との協議ののち東条陸相が提議したものである。しかも東条は、武藤が示した「日米交渉に関する件」にも同意している。この二つの文章の関係について、東条自身がどのような考えをもっていたか興味のあるところだが、これについての直接の発言や回想は見当たらない。

ただ、石井秋穂は、一般に「東条陸相は武藤局長が強く意見具申すると、政策問題に関する限り、大概それを容《い》れておった」との証言を残している（石井「開戦に至る迄の政略指導」）。東条自身は、この時期はおそらく、基本政策においては武藤のラインとそれほど異ならない方向で進んでいたものと思われる。

アメリカに「総合了解案」を通知

九月二五日、「帝国国策遂行要領」と「日米交渉に関する件」をもとに、日本側提案（「総合了解案」）がまとめられアメリカ政府に通知された。近衛の日米首脳会談提案へのアメリカの回答（八月一七日）に対するものだった。

その内容は、ハル国務長官が問題とした「特定の根本問題」を念頭に、次のような論点が基本的なものとして含まれていた（外務省起案、陸海軍による修正をへて、九月二〇日大本営政府連絡会議決定)。

一、三国同盟問題については、同盟の解釈と実施は自主的にこれをおこなう。

二、中国撤兵問題については、一定地域において日本軍および艦船を所要期間駐屯(駐兵)させる。それ以外は、事変解決にともない撤兵する。

三、通商無差別原則問題については、同原則は世界的に適用されるべきものとする。またそれは、隣接諸国間における自然的特殊緊密関係を必ずしも否定しない。日本は重要国防資源の利用開発を主とする日中経済提携をおこなうが、これは公正なる第三国の経済活動を制限するものではない。

四、満州国の承認。

この日本側提案がまとめられるまでには、八月下旬以降、さまざまな軋轢《あつれき》があった。この経緯をあらためて押さえておきたい。

焦点は三国同盟と中国撤兵

まず三国同盟については、先に見たような武藤と田中の激論があった。

ドイツとの同盟を重視する田中は、同盟義務の明記を主張し、日独の関係を犠牲にするかたちで日米妥結を図ることには反対していた。

だが武藤のみるところ、田中の主張するように三国同盟を堅持する方針を明示すれば、日米交渉は暗礁《あんしょう》に乗り上げることは明らかだった。日米交渉に最後の期待をかける武藤にとって、それはとうてい受け入れられないことであり、この点での修正を認めなかった。このような両者の意見の相違は、後述するように、対米戦略構想などの相違が背景となっていた。

なお、アメリカ政府は、自国が対独参戦した場合、日本が三国同盟によって自動的に対米開戦するのではないかと危惧していた。三国同盟問題についての日米間の主要な論点は、このことにあった。

だが、日独間では、秘密の交換公文によって、対米参戦は日本の自主的判断で決めうる旨の了解がドイツ駐日大使との間で、すでに成立していた。海軍も三国同盟の解釈として当初からそのような立場だった。陸軍もまた参謀本部を含めて、参戦の時期と方法は自主的に決定するとの態度を示していた。この参戦時期の自主的決定は、アメリカの危惧する自動参戦を必ずしも意味するものではなかった。

したがって、最終的には参謀本部も、三国同盟の解釈と実施は「自主的」におこなうとの趣旨で、基本的には了承した。

ただ田中作戦部長は、すでに対米戦を決意していた。それゆえ、参戦の自主的決定は、決して三国同盟の軍事的協力義務を否定し対米戦回避を意味するものではないと強く主張していた。もしアメリカが対独参戦した場合には、日米交渉の成否にかかわらず、時期の問題はともかく日本も参戦すべきとの意見だった。

これに対して武藤は、先にもふれたように、アメリカの対独参戦時には、あくまでも形勢を観望すべきとの意見だった。

中国撤兵問題では、外務省は当初「日米交渉に関する件」原案で、「支那よりはできうるかぎり速《すみやか》に撤兵す」との全面撤兵案を示した。これに武藤陸軍軍務局長や岡海軍軍務局長らも加わり修正がおこなわれた。

そして結局、武藤・岡の意見で次のように修正された。

「支那よりはできうるかぎり速に撤兵す」は、第一に、「日支間の全面的正常関係の回復に努め、右実現の上は、支那よりできるかぎり速に撤兵する用意あり」とする。第二に、日中関係に関し「米国は右日本の支那に関する努力に支障を与うるがごとき措置および行動に出でざること」との文言を付け加える。

この修正に当然、武藤も同意していた。第一の点は、「日支間の全面的正常関係の回復」に、必要な駐兵も含ませうると判断されたとみられる。もう一つの点は、アメリカの対中援助を牽制する意図からだった。

だが、翌九月三日の大本営政府連絡会議で、この修正案での「右実現の上は、支那よりできるかぎり速に撤兵する用意あり」の文面が、さらに「右実現の上は、日支間の協定に遵《したが》い、支那よりできうるかぎり速に撤兵するの用意あり」と修正された。こうして、「日米交渉に関する件」が正式に決定された。日中間の協定による駐兵確保の余地を、明文上残すためと推測される。おそらく参謀本部側からの意見によると思われる。

こうして、九月三日の大本営政府連絡会議において、「帝国国策遂行要領」と「日米交渉に関する件」が採択された。

このように、決定された「日米交渉に関する件」では、「日支間の協定に遵い、支那よりできうるかぎり速に撤兵するの用意あり」との表現となった。「日支間の協定に遵い」との文面を入れることで、武藤自身も駐兵の余地を残そうとしたのである。

この九月三日の大本営政府連絡会議決定について、武藤は、「駐兵と書けば明らかに先方「アメリカ」がこだわるから」との言葉を残している（石井「開戦に至る迄の政略指導」）。武藤自身、一定の駐兵を意図していたのである。にもかかわらず駐兵の表現は避けられている。この武藤の発言には、駐兵を日米交渉での「条件に明記するは不可」との、岩畔豪雄前軍事課長の帰朝報告での意見も念頭に置かれていたと思われる。

岩畔は、その報告のなかで、「米英に対して城下の盟を強いる決め手がない」ことを前提に、日米妥協を主張し、駐兵は日米間の取り決めには明記せず、日中間で合意するかたちをとる必要がある、としている（「石井秋穂大佐日記　覚」、防衛省防衛研究所所蔵）。

九月三日の連絡会議決定で、日中間の協定に従い「撤兵」する用意あり、との表現をとっている点について、武藤の腹心だった石井軍務課高級課員は、こう述べている。武藤の意図は「撤兵と称して〔日中間の協定によって〕有耶無耶《うやむや》のうちに一部兵力を残存し、実質上駐兵する」ことにあった。ただ武藤はそのことを「一度も口に出さなかった」（石井「開戦に至る迄の政略指導」）。

しかしその後、軍務局内部で、日中間の協定によるとされている駐兵の内実を、何らかのかたちで日本側提案の明文に残すべきとの意見が強くなった。武藤も結局それに同意した（同右）。

そして、九月二〇日の大本営政府連絡会議に向けての陸軍省方針では、内蒙および華北への日本軍の駐兵を要求することとなった。その名目は「共同防衛」とされたが、主要には軍需資源確保とその開発のためのものだった。それに海軍が、海南島など華南沿岸地方への艦船部隊駐屯の追加を主張した。

最終的には、参謀本部の主張もあり、駐兵・駐屯地域は単に「一定地域」とされた（九月二

○日大本営政府連絡会議決定）。地域の特定を避け、幅をもたせたのである。

このような日本側の駐兵・駐屯要求は、アメリカ側の主張と大きく齟齬《そご》するもので、これ以後の日米交渉の焦点となっていく。

通商無差別については、原則的に認めながら、隣接諸国間の自然的特殊緊密関係の容認のかたちで、重要国防資源の利用開発のため日中経済提携の了承を求めるものだった。

その後、九月二五日の日本側提案（「総合了解案」）について、外務省は、補足的な対米応答案を野村駐米大使に訓電した（九月三〇日）。武藤陸軍軍務局長や、岡海軍軍務局長との打ち合わせのうえだった。

「アイツとの調整で精魂が尽きる」

訓電には、三国同盟の解釈について、「改めてこれを考慮するに吝《やぶさ》かならず」との表現が付加されていた。翌日その内容を知らされた田中作戦部長ら参謀本部は、一様に憤慨した。三国同盟についてさらに譲歩の余地ありと解釈されるというのである。また訓電には、汪政権との日華基本条約について、「何ら特別の意味ある次第にあらず」との表現が含まれていた。参謀本部はそれを、南京汪政権との既定の協定を軽視している、と問題視した。

田中は、対米応答案作成に加わった武藤軍務局長室に乗り込み、厳重に抗議。二人は怒鳴りあいの大激論となった（「石井秋穂の手記」『軍務局長武藤章回想録』）。

田中が去ったあと武藤は、「アイツ〔田中〕との調整で精魂が尽きる。これでは何んにも出来ない」との感懐を漏らしている（同右）。それほどこの時期の二人の対立は激しかったのである。その激しさは、真田穣一郎軍事課長も、「もうこの辺で、〔軍務局長室の〕ドアーを開けて仲裁に飛び込まねばならない」と心配したほどのものだった（石井「開戦に至る迄の政略指導」）。

結局、武藤は参謀本部の意見を外務省に取り次いだ。外務省は九月三〇日訓電についての参謀本部からの抗議を容れ、野村に修正電報を打った（武藤も同意）。

豊田外相や武藤軍務局長らは、日米間の見解の対立するところを曖昧にして、何とか日米間で原則合意を作り出し、ともかく首脳会談を実現しようと努めていたのである。

これらの武藤軍務局長の動きについて、参謀本部は不信感をもち警戒しはじめていた。武藤自身は、対米開戦に傾斜している参謀本部とは異なり、日米戦争を回避しようとして対米交渉に全力をあげていた。ただし、北支・蒙疆での駐兵と必要資源の獲得は、最低限の条件として何らかのかたちで確保したいとの考えだった。

なお、九月二五日の大本営政府連絡会議において、杉山・永野修身《おさみ》両総長より、開戦決意の時期は遅くとも一〇月一五日までとするを要すとの提案があり、了承された。「帝国国策遂行要領」において、一〇月上旬頃とされていた開戦決定の時期が一〇月一五日までと、はっきり期限が切られたのである。

四　近衛内閣の崩壊

一九四一年（昭和一六年）九月二〇日に決定された日本側対米提案に対して、一〇月二日、ハル国務長官から覚書のかたちでアメリカ側回答が示された。それは、あらためて四原則を強調するとともに、三国同盟では日本の措置を一定程度評価しながらも、さらなる態度の闡明《せんめい》を求めていた。さらに、不確定期間、中国特定地域に軍隊を駐屯させる要望は、異議の余地ありとして否定し、日本軍の仏印および中国からの撤退を明確に宣言する必要があるとしていた。また、日中間の地理的条件による特殊緊密関係についても異議を唱えていた。

このハル覚書をうけ、外務省は、対米回答を起案した。それは、日中和平成立後原則二年以内に撤兵、内蒙・華北の一部、海南島は五年間駐兵もありうる、との主張を含むものだった。

一〇月五日、武藤軍務局長、田中作戦部長ほか省部幕僚中枢は、陸相官邸において陸軍のとるべき態度を検討した。その結果、外交の目途なし、すみやかに開戦決意の御前会議を奏請するを要す、との結論に達した（『機密戦争日誌』）。ただ、石井軍務局軍務課高級課員の記録では、外交の目途なしとの考え方は一致したが、武藤軍務局長は、同様に判定しつつも、「「開戦決意の」御前会議を開くなどという措置は、とても気運が芽生えていない」とみていたとされる（石井「昭和十六年後半期の最高国策の補正」）。武藤はなお開戦決意には慎重だったのである。

この日の夕刻、東条陸相は近衛首相と会談した。東条は、アメリカの態度は、ハル四原則の無条件承認、駐兵拒否、三国同盟離脱であり、これらは譲れないと述べた。近衛は、駐兵が問題の焦点であり、一律撤兵を主旨とし、資源保護などの名目で若干駐兵させることにしてはどうか、との意見だった。東条は、それでは謀略となり後害を残す、として反対した。また近衛は、英米可分ではないか、対米戦回避の方法はないかとも質《ただ》した。東条は、海軍が戦略上不可能だとしており、今は不可分を基礎としている、と否定した。英米可分か不可分かの判断では、武藤もまた東条と考えを同じくしていた。

同日、海軍でも首脳部会議が開かれ、交渉継続の方向で近衛首相が東条陸相と会談し、交渉期限の延長や条件の緩和を話し合うことを、首相に進言することとなった。

翌六日、陸海軍部局長会議（陸軍は武藤章軍務局長、田中新一作戦部長。海軍は岡敬純軍務局長、福留繁作戦部長）が開かれた。ここで海軍側は、駐兵に関し考慮すれば、外交の目途はあると主張した。だが、田中作戦部長は全く取り合わず、陸海軍の意見が対立した。

しかも、福留海軍作戦部長（正式には第一部長）は「南方戦争に自信なし」と発言。「船舶の損耗につき戦争第一年［目］一四〇万屯《トン》撃沈せられ自信なし」と述べた。そして議論は結局物別れに終わった（『機密戦争日誌』、「石井秋穂大佐回想録」）。

「駐兵も考慮の余地あり」

翌一〇月七日朝、及川海相は東条陸相に対し、交渉継続の余地があり、期限に余裕が必要だと一〇月一五日の決定延期を申し入れた。東条の「勝利の自信はどうであるか」との問いに、及川は「それはない」と明確に答えている。ただ、「この場限りにしておいてくれ」と付言した。東条は、自分は外交に目途なしと思うとしながらも、「かりに海軍に自信がないというならば、考え直さなければならない」と述べている（田中「大東亜戦争への道程」、「石井秋穂大佐回想録」）。

　東条も、この場限りの話として聞かされたが、海軍に自信がないことをはっきりと知った。そして、これまでの方針を考え直さなければならないと、思いはじめていた。このように、近衛に対しては対米譲歩に否定的だった東条が、海軍に自信がなければ戦争はできないとの判断に傾いてきたのは、武藤の説得によるものだった（村松秀逸『三宅坂』）。

　同日（一〇月七日）、武藤軍務局長は、富田健治内閣書記官長に対し、「駐兵も最後の一点ともならば考慮の余地あり。また交渉をなすべし」との意見を伝えている（「岡敬純中将　覚［非

公開〕」防衛庁防衛研修所戦史室『大本営海軍部　大東亜戦争開戦経緯』第二巻）。

武藤は、固守していた中国駐兵についても、対米交渉の最終盤においては、なお譲歩を考慮する余地があると考えつつあったのである。

このころ、参謀本部では、軍務局には駐兵について表現変更を可とする意図がみられ、ことに武藤軍務局長の態度は「不可解」だとして不信感を強めていた。

このためか、一〇月九日、武藤は岡海軍軍務局長に、「陸軍が撤兵を承知するごとき印象を受けおるとせば、全然違う」と伝えている（「沢本頼雄海軍次官日記」『中央公論』昭和六三年一月号）。参謀本部の動きから、今の段階で撤兵譲歩の姿勢をみせるのは部内的にも適当ではないと判断したためと思われる。

さて、一〇月七日の夜、近衛・東条会談がおこなわれた。ここで、近衛が、駐兵に関しては撤兵を原則とすることとし、その運用によって駐兵の実質をとることにできないか、と意見を述べたが、東条は、それはできないと拒否している。

だが、翌八日、東条陸相は、訪ねてきた及川海相に、「支那事変にて数万の生霊を失い、みすみすこれ［中国］を去るは何とも忍びず。ただし、日米戦とならばさらに数万の人員を失うことを思えば、撤兵も考えざるべからざるも、決しかねるところなり」（同右）と述べている。最後に撤兵問題のみで対米交渉がまとまるなら撤兵を考慮する意志をほのめかしたのである。

東条も近衛には強く撤兵を拒否しながらも、なお動揺していたといえる。

武藤のみならず、東条もまた、交渉の最終段階では撤兵も考慮せざるをえないのではないかと迷いを示していたのである。

このように政権中枢の近衛首相、東条陸相、及川海相は、個別に会談を続けた。近衛と及川はそれぞれ交渉継続の観点から、駐兵問題での陸軍の譲歩を求めたが、結局、東条は譲らなかった。

そこで、及川海相は、近衛首相が自身の決意で、政局を交渉継続、撤兵の方向にリードしてもらいたい、それに海軍は全面的に賛成するとの意向を近衛に伝えた。だが、近衛は、その件は陸海軍で話し合ってくれと、最終的な政治責任を負うことをあくまでも回避した。及川も海軍の判断によって戦争回避の全責任を負うことはできなかった。

「海軍が戦ができないといえばそれで済むのだが」

このような政権中枢の動きの一方、武藤は、陸軍省局長会議で、一〇月二日の米側回答を説明し、こう発言している。

米側回答の内容は日本側要求と「両立」しない。しかしながら、「御前会議において決定せる『米側回答如何によりては次の段階に入る』ことには、未だその段階に到達しておるわけではない」(金原節三『陸軍省業務日誌摘録』前編)と。

外交交渉はなお可能性があり、開戦決意の段階に至っているわけではないとの意見だったのである。むしろ最後の最後まで外交的妥協の可能性を探るべきとの姿勢だった。

このような武藤の動きに対して、田中作戦部長は、陸軍部内の強硬論を抑えるための策動だとして強い反感をもっていた。

東条陸相は、御前会議の決定を尊重すべきとの基本的態度だった。だが、海軍にもし自信がないなら、九月六日の御前会議決定を白紙に戻し、責任者は全て辞職すべき、との趣旨の考えももらしていた。

想定される対米戦争の重圧と、田中ら参謀本部からの圧力に苦しむ武藤や東条は、海軍が対米戦に自信がなく、それゆえ交渉継続を主張しているのを承知していた。そこで海軍側に戦争に自信なしと明言させ、できれば開戦を回避したいと考えていたようであるが、海軍も、組織内外の条件から、それは一貫して避けていた。

一〇月一一日、野村駐米大使から、中国駐兵問題で日本が譲歩しないかぎり首脳会談は絶対実現の見込みなし、との電文が到着した。一〇月一五日の開戦決意の期日が四日後に迫っていた。

それに接した陸軍の省部幕僚は、開戦決意に大きく傾き、大本営・政府レベルでの決定を促進しようとした。だが、武藤軍務局長は、「開戦決意のもとに対米外交を強硬におこなうべし」、として彼らの動きを抑えた。参謀本部幕僚は、武藤の動きに不信感を募らせ、陸軍の態度を混迷に陥れている元凶は武藤だ、と憤慨している（『機密戦争日誌』）。

野村大使電をうけ、翌一〇月一二日、東京荻窪にある近衛の私邸「荻外荘《てきがいそう》」で、近衛首相、東条陸相、及川海相、豊田外相、鈴木（貞一）企画院総裁による五相会談がおこなわれた。

会談では、まず豊田外相が、日米交渉は駐兵問題をなんとかすれば妥結の見込みがあると述べた。だが、東条は妥結の見込みなしと反対した。近衛周辺が陸相包囲を企図しているとの情報が、東条の耳に入り態度を硬化させたのである。

そして、及川海相が、外交で進むか戦争かの岐路に立っている、その決は総理が判断すべきものだ、もし外交で進み戦争を止めるのならばそれでもよい、と意見を述べた。これに東条陸相が、納得できる確信がなければ、総理が決断しても同意はできない、と反論。近衛首相は、外交でやると言わざるをえない、戦争に私は自信がない、自信のある人にやってもらわねばならぬ、と発言した。東条は、これは意外だ、それは「帝国国策遂行要領」を決定するときに論ずべき問題でしょう、と述べるなど、ついに意見は一致しなかった。

翌々日（一四日）閣議でも、意見が対立したままだった。

その日の夜、五相会議の経緯を念頭に、武藤軍務局長は、富田内閣書記官長に、こう申し入れていた。「海軍が本当に戦争を欲しないなら、陸軍も考えねばならぬ。……総理の裁断ということだけでは陸軍部内を抑えることは到底できない。しかし海軍が、この際は戦争を欲しないと……言ってくるように仕向けてもらえないか」と。

これを富田から聞いた岡海軍軍務局長は及川海相に伝え、及川は「海軍としては戦争を欲しないなどと正式には言えない。首相の裁断に一任というのが精一杯のことである」と答えている（富田健治『敗戦日本の内側』）。岡軍務局長の当時のメモ（一〇月一四日付）では、武藤の発言は、「海軍が戦《いくさ》ができないといえばそれで済むのだが」となっている（「岡敬純中将　覚」『大本営海軍部　大東亜戦争開戦経緯』第二巻）。

武藤は、海軍による対米戦争は不可能との公式の意見表明によって、陸軍部内を抑え日米戦を回避しようとしたのである。だが、海軍としても、そのような表明はなしえないことだった。

この頃、国策研究会の矢次一夫に、武藤は次のように述べている。

〈「日米戦えば、いかに考えてみても、研究してみても、日本に勝ち目はない。どうしたら戦わずに済むかと、このところ心肝を砕く思いをしている。……僕は誰から何と言われようとも現在の地位にある限り、一生懸命戦争の起こるのを防ぎたいのだよ」〉（矢次『昭和動乱私史』下巻）

日米戦をいかに回避するか、それが武藤にとって、この局面での焦眉《しょうび》の課題だった。
翌日の閣議でも意見は一致せず、一〇月一六日、近衛内閣は、ついに総辞職した。
後継首班については、重臣会議が開かれ検討された。重臣会議は、木戸幸一内大臣のリードで、後継首班に東条陸相を奏薦。東条に組閣の大命が下った。そのさい木戸内大臣は、九月六日御前会議決定の白紙還元を求め、東条は了承した。「帝国国策遂行要領」が、白紙に戻されたのである。

五　東条内閣の成立と日米開戦への道

一九四一年（昭和一六年）一〇月一八日、東条英機内閣が成立。海相には嶋田繁太郎が、外相には東郷茂徳、蔵相には賀屋興宣《おきのり》、企画院総裁には鈴木貞一、内閣書記官長に星野直樹などが任命された。陸相は東条が兼任した。

組閣二日後、九月六日御前会議決定の白紙還元について、武藤は東条にこう述べている。

〈「国民は長い支那事変にあいております。閣下が外交に成功して、平和をかち取られたら、国民からこの上もなく感謝されるでありましょう。どうしても止むを得ず戦争に突入した場合は、その止むを得ざる事情を説明すれば、日本国民は随《つ》いて来てくれるでしょう」〉（「石井秋穂の手記」『軍務局長武藤章回想録』）

東条もこれに同意している。

この発言の前半部分が武藤の強く希望するところだった。その意味で白紙還元は武藤にとって、あらためて日米戦回避のチャンスを与えるものだったといえよう。

ただ、東条内閣が成立してまもなく、武藤は東条に軍務局長辞任を申し出ている。この件は東条に慰留され、結局留任しているが、辞任申し出の理由は判然としない。

ところで、陸相としての東条を武藤はどうみていたのだろうか。管見の限りでは、東条についての言及はほとんどみられない。ただ、戦後の手記には、東条について、陸相として各部署の責任者に「陣頭指揮」を要求するとともに「事務の電撃的処理」を要望したこと、また、部内での「繁文縟礼《はんぶんじょくれい》」「セクショナリズム」「責任回避」などを矯正しようとしたこと、そして、それらについて、東条自身が「颯爽《さつそう》として実際範を示した」ことなどが記されている（武藤『比島から巣鴨へ』）。軍事・政治指導者として、東条をどうみていたかは分からないが、事務責任者としては、ある程度評価していたといえよう。

東条内閣での国策再検討

東条内閣成立後、政府は、すぐに、陸海軍を含め国策の再検討に入り、一〇月二三日から一一月二日まで連日、大本営政府連絡会議で議論がおこなわれた。武藤は、幹事として会議に出席していた。幹事には、陸海軍軍務局長・内閣書記官長が就いており、主に議題の整理や処理事項の選択など、事務的だが軽視し得ない役割を果たした。

さて、参謀本部において田中ら作戦部は、即時に開戦決意をなすべきと強く主張した。田中は武藤軍務局長にその旨を申し入れたが、武藤は同意しなかった。やむなく参謀本部は、二一日、一〇月末日に至るも我が要求を貫徹できない場合は、対米国交調整を断念し開戦を決意す、との結論を示した。一〇月末日まで一週間程度の外交交渉を認め、それ以後は交渉を打ち切るべきだとするものであった。

東郷茂徳外相はじめ外務省は、国策再検討の動向にかかわらず、対米交渉を続行すべきとの意見であり、武藤ら軍務局も同様であった。

二一日、東郷外相は、野村駐米大使に、新内閣においても日米国交調整に対する熱意は前内閣と異なるところはない、との訓電を発した。この訓電作成には、外務省の要請により武藤軍務局長も参画していた。これを知った参謀本部の幕僚たちは当部の意見を全く無視したものだとして武藤への不満を募らせた。

だが、武藤も、陸軍省局長会議（一二日）で、内閣更迭、東条内閣成立により、「日中戦争解決の条件は不変のもの」となった。したがって、その条件についても、「一定の限度」より譲歩して妥協することはありえない、との意向を示していた（金原『陸軍省業務日誌摘録』前編）。

日米交渉において、武藤といえども、日中戦争解決条件の一定の限度は譲れないとの姿勢だった。後にみるように、一定の限度とは、内蒙・華北の資源確保と、そのための駐兵を意味していた。

大本営政府連絡会議での国策再検討の内容のポイントは、欧州戦局の見通し、物的国力判断の問題、対米交渉条件の緩和などであった。

欧州戦局の見通しについて、陸海軍情報部は、独英戦・独ソ戦ともに長期化するとしながらも、ドイツの優勢・長期不敗は揺るがないと判断していた。一方、東郷ら外務省は、イギリスが独ソ戦間の余裕により国力を回復しつつあり、ドイツが苦境に立つとの予測だった。だが、この外務省の見通しは重視されなかった。

物的国力判断は、南方資源の海上輸送の確保と船舶損耗量が問題となった。だが、民需用船船三〇〇万トンを常時使用できれば、戦争の継続遂行に耐えうる国力の維持と国民生活の最低限の確保は可能とされた。

　対米交渉条件の緩和については、外務省の提案をもとに議論がおこなわれ、次のように合意された。

一、欧州戦争への態度つまり三国同盟の問題は、従来通り。すなわち参戦決定は自主的におこなう。さらに、同盟条約中の自衛権の解釈を拡大しない旨を加えた。

二、ハル四原則については、極力明言を回避する。

三、通商無差別の原則は、全世界に適用されるべきとしたうえで承認する。近隣諸国との地理的特殊緊密関係に基づく重要国防資源開発など特恵的な日中経済提携の主張はおこなわない。

四、中国における駐兵問題は、従来通り、蒙疆・華北・海南島に駐兵する。交渉においては所要期限二五年とするも可。ただし、それまでの対米交渉では、駐兵は一定地域として特定していなかったが、蒙疆・華北・海南島に限定。それ以外は二年以内に撤兵。

　これらは、駐兵問題以外はかなり譲歩したもので、この合意が、ほぼそのまま対米提案の甲案となった。

　これらのなかで、駐兵問題が最も議論となった。

東郷外相は、全面撤兵を主旨とし、一定の期限を付けて前記特定地域にのみ五年間の限定的な駐兵を認めさせる案を示した。杉山参謀総長・塚田攻参謀次長は、期限付き駐兵は容認できないとして強硬に反対した。東郷も、期限付き駐兵が認められない場合は辞職する決意で、頑強に自説を譲らず、激論となった。

そこで東条首相が、妥協案として二五年駐兵案を示し、参謀本部側もやむなく、それを受け入れた。東郷は、いったん期限を付けておけば、アメリカ側から異論がだされた場合、あらためて柔軟に対処することができると判断して了承した。この点は、一一月二日、東郷自身が東条に了解を求め、東条も同意したようである。

また、外交期限について、参謀本部側が一一月一三日に期限を切ろうとしたが、東郷外相が反対し、外交は一一月三〇日午前〇時までと決定した。開戦は一二月初旬とされた。

なお、会議の終盤、海軍では、嶋田海相が戦争決意を表明した。これにより、一貫して開戦に慎重な姿勢を示してきた海軍省が、開戦容認に転換した。軍令部はすでに戦争を決意しており、海軍は日米開戦やむなしとの態度となった。

乙案承認を説得

一一月一日、東郷外相は、先の内容の甲案とは別に、突然、それまで非公式にも議論されたことのない乙案を提案した。その内容は、日本が南部仏印から撤退する代わりに、アメリカは日本に石油を供給する、また両国は蘭印における必要な物資の獲得に相互に協力する、との暫定協定案だった。

これは、幣原《しではら》喜重郎元外相の発案になるもので、いったん日米関係を南部仏印進駐、対日全面禁輸以前の状態に復帰させ、ひとまず日米緊張の沈静化を図ろうとするものといえた。駐兵問題を含む甲案での妥結は困難が予想されるので、別案として乙案を用意し、暫定的な妥結を図ろうとの意図からであった。

この乙案に杉山参謀総長・塚田参謀次長は猛烈に反発した。武藤は、休憩中に、東条も交え、杉山・塚田に、乙案の受け入れを説得した。だが杉山・塚田は容易には認めなかった。

そこで武藤は杉山を廊下に誘い出し、こう説得した。乙案を拒否すれば今夜にも外相は辞職し、「政変」もありうる。その場合、また「いろはからやり直し」になるだろう。それでは、開戦決意までに、さらに日数を要することになる（石井「昭和十六年後半期の最高国策の補正」）。なお、翌日には国策再検討の結論を出すことになっていた。

政変を恐れる杉山らは、日中戦争解決を妨害しないとの趣旨の文言を入れることを条件に、この説得を受け入れ、乙案は承認された。

一一月二日、大本営政府連絡会議は、再検討の結果に基づいて、あらためて「帝国国策遂行要領」案を決定した。その主要な内容は以下のとおりである。

現下の危局を打開して自存自衛を全うし大東亜の新秩序を建設するため、対米英蘭戦争を決意し、以下の措置をとる。

一、武力発動の時期を一二月初頭と定め、陸海軍は作戦準備を完成する。
二、対米交渉は、別紙要領によりおこなう。
三、独伊との提携強化を図る。

対米交渉が一二月一日午前〇時までに成功すれば、武力発動を中止する。

そして、別紙対米交渉要領には甲案、乙案が併記された。

一一月五日、御前会議が開かれ、「帝国国策遂行要領」(甲案・乙案を含む)が正式に決定された。

対米交渉の甲案と乙案は、御前会議決定前の一一月四日、野村駐日大使に打電された。野村は、まず甲案を一一月七日にアメリカ側に提示したが拒否され、一一月二〇日に乙案を示した。

アメリカ政府は、なお対日戦を先延ばしにして、フィリピンその他での戦力増強のための時間的猶予を望んでおり、乙案に関心を示した。国務省内では、その対案として、北部仏印の日本兵力を二万五〇〇〇以下とし、両国の経済関係を資産凍結以前の状態に戻す旨の暫定協定案が作成された。そして、ハル国務長官は、乙案に対して、石油禁輸などの経済制裁を三ヶ月間解除し、さらに延長条項を設ける暫定取り決め案ではどうかと、口頭で野村大使らに示唆した。その上で、英蘭中などの同意を求め、正式に日本側に提示すると述べた。

「破れるのを覚悟で、戦わねばならない」

米国務省の暫定協定案は、間もなく、イギリス、オランダ、中国（蔣介石政権）などに内示された。日本の南進に脅威を感じていたオランダは賛成したが、蔣介石政権は、中国の抗戦意欲に打撃を与えるとして強硬に反対した。アジア英領植民地よりの戦略物資確保の観点から、アメリカの早期対日参戦を強く望むイギリスは、中国に同調し、結局、暫定協定案は断念された。

こうして暫定協定案は放棄され、一一月二六日、ハル国務長官は、乙案に対する回答として、いわゆる「ハル・ノート」を提示した。その内容は、ハル四原則の無条件承認、中国・仏印からの無条件全面撤兵、南京汪兆銘政権の否認、三国同盟義務からの離脱を求めるものだった。

ハル・ノートを知った東条首相は、その内容に愕然とした。東郷外相も激しい失望を感じた。両者ともに、もはや交渉の余地はなく、開戦やむなしと判断した。

武藤軍務局長も、ハル・ノートを交渉打ち切りの通告とうけとった。

〈十一月二十六日付けのハル長官の書面が到着した。これは日本にとりては交渉打ち切りの通告であった。事ここに至っては日本は開戦を決意する外なかった。〉（武藤『比島から巣鴨へ』）

辛抱強く譲歩してきたうえでの打ち切りでは、一同憤慨し開戦決定となるだろう。今やそれに反対することは不可能だ、とみていたのである。交渉の進展によっては、駐兵問題についてもある程度の譲歩を考慮していた武藤だったが、もはや交渉継続は困難と判断したといえよう。

この頃、当時内務次官だった湯沢三千男に、武藤はこう語っている。

〈「日本の国力は遥かに米国に及ばず、到底勝算はない。すでに勝算のない以上、戦わざれば米国に屈服の外はない。屈服するとすればどうなるか。四年以来戦った中国から全面的に撤兵せねばならない。その結果は……満州の確保は困難だ、……朝鮮の維持も困難となろう。……然らば戦った結果はどうなるか。敗戦の果、もちろん満州、朝鮮、台湾の放棄を余儀なくされるのは当然だが、日本の地位から見てもそれ以上の縮《ちぢま》りようはない。のみならず、近世の歴史上、国を挙げて戦って敗れた大国にして、再び奮い立たない国はない。それは後代の青年が、戦時の祖国を追想して、奮起するからである。これに反して戦う気力なくついに屈服した国は、漸次思想の混乱と堕落を来して、内部より崩壊し、再び大国たり得ない事になるであろう。この歴史の教ゆるところから見て、四つの島にとじこもる破目に陥るのは、同じことであるが、将来再び国が起こるか起こらないかの大差がある。破れるのを覚悟で、戦わねばならない理由だ」〉（湯沢三千男『天井を蹴る』）

　これが、開戦に踏み切ることを武藤が決意した判断の一面だった。

　一方、田中作戦部長は、ハル・ノートが好機に到来したことは、日本にとってむしろ「天佑」だとみた。これで東郷らも開戦を決意せざるを得なくなり、国論も開戦に一致するだろう。要するに来たるべきものが来たのだ。既定の開戦方針貫徹のためには、情勢は一気に好転した、との認識だった。

　一一月二七日、ハル・ノートの骨子と対米交渉不成立の連絡を受け、大本営政府連絡会議は、一二月一日の御前会議において開戦決定をおこなうことを申し合わせた。事実上開戦を決定したのである。また、宣戦布告は開戦翌日におこなうとされた（その後、宣戦布告は開戦当日にれた。

変更される）。なお、ハル・ノートの全文は、二七日午後に着電し、二八日に各方面に配布さ

一一月二九日、大本営政府連絡会議において、「対米交渉はついに成立するに至らず、帝国は米英蘭に対し開戦す」との御前会議開戦決議案が可決された。

一二月一日、御前会議において対米英蘭開戦が正式に決定された。事前の閣議決定はなされず、御前会議に全閣僚が出席し御前会議決定を閣議決定とした。全く異例のことである。

昭和一六年（一九四一年）一二月八日、日本軍はハワイ真珠湾を攻撃するとともに、英領マレー半島に上陸を開始し、ここに太平洋戦争の火蓋が切られたのである。

六　なぜ陸軍の戦略は分裂したのか

ここまで武藤と田中の対立に着目して、陸軍の戦略をみてきた。前にも触れたように、武藤と田中は日中戦争においては、不拡大を唱えた石原莞爾を斥け、ともに強硬論を主導した。これは二人がともに永田鉄山の国防国家体制を引き継ぐ者だったことを意味する。独ソ戦の評価、そして対米開戦をめぐって、武藤と田中は激しく対立したが、この時期、トータルな政戦略を構想しうる有力な幕僚は、武藤、田中の二人をおいてなかったといえる。

あらためて第二次世界大戦開始後の武藤の世界戦略を、田中と対比させながら整理してみたい。

すでにふれたように、武藤は、次期大戦に対応するため、「広義国防」の観念に基づく「国防国家」の建設を主張していた。すなわち第一次世界大戦以降、戦争は「国家総力戦」となり、国家の有する「総合国力」を戦争目的に向けて統制する挙国一致の「国防国家」によらなければ国防の目的は達せられない。そう武藤は考えていた。

その国防国家建設のためには、軍備の充実とともに、自給自足経済体制の樹立が必要であり、そのためには南方の資源を獲得しなければならないとみていた。そこから、「日満支」を枢軸とする「大東亜生存圏」（後の大東亜共栄圏）の形成が必要だとする。大東亜生存圏は、中国など東アジアのみならず、南方すなわち東南アジアを含むものであった。そこでの自給自足経済体制は、武藤にとって、資源の自給自足のみならず、米英依存経済からの脱却を意味していた。

実際に、軍需資源の自給自足の観点からみて、東アジアのみでは、石油・錫・生ゴム・ニッケル・燐・ボーキサイト・タングステンなど重要軍需物資が不足し、それらは東南アジアから獲得可能とされていた。

だが、東南アジアは、イギリス、フランス、オランダ、アメリカなどの植民地として、欧米列強の支配下にあった。したがって、東南アジアの自給自足圏への包摂は、欧米列強の利害と正面から衝突するものであり、通常の外交手段によっては実現困難とみられていた。しかし、欧州大戦の勃発によって、オランダ、フランスはドイツの侵攻をうけ、その植民地である仏印（インドシナ）、蘭印（インドネシア）は、国際的に不安定な状況に置かれる。それを好機に、日本は北部仏印に進駐し、タイへの影響力も強めた。

そして、欧州情勢は、さらにドイツによるイギリス侵攻作戦の開始へと展開していく。このような事態のなかで、武藤は、ドイツのイギリス本土攻略が成功した場合、南方武力行使によって英領マレー、英領西ボルネオなどを攻略しようとした。また、外交的措置による石油などの資源獲得に失敗した場合には、蘭印にも侵攻し、それらの地域を包摂しようと考えていた。

そのさい武藤は、武力行使はイギリス領および蘭印に限定しようとしていた。強大な国力をもつアメリカとの戦争は、できるだけ回避すべきだと考えていたからである。

武藤は、イギリスを日本の対中国政策や南方政策を妨害する頑強な敵とみており、中国および東南アジアから放逐する必要があると考えていた。大東亜共栄圏形成のためには、ある意味で対英戦は不可避と想定していたのである。その強い反英的志向は、天津英仏租界封鎖問題など中国での経験も関係していた。だが、対英関係は対米関係と連動する可能性があり、アメリカの軍事介入から対米戦になることを警戒していた。

だが、ドイツのイギリス攻略は失敗し、イギリス本土上陸作戦は翌年まで延期される。

同じ頃、松岡外相主導で三国軍事同盟が結ばれるが、武藤は、南方武力行使にさいして、イギリス領やオランダ領の処理の関係から、独伊との軍事同盟が必要だと考えていた。また、南方武力行使時の北方（背後）の安全を確保しておくため、ソ連との国交調整、さらには日ソ提携が必要だと考えており、松岡外相による日ソ中立条約の締結にも賛同していた。ドイツのイギリス侵攻作戦は再度実施されると想定していたからである。さらに、三国同盟と日ソ中立条約は、日独伊ソの連携によってアメリカの軍事介入を抑え、その参戦を阻止するためにも必要だと、武藤は判断していた。

だが、ドイツの対ソ軍事侵攻とともに、独ソ戦の評価とそれへの対応をめぐって、武藤は田中作戦部長と対立する。

田中は、独ソ戦について、短期間でドイツの勝利に終わると予想し、また長期化する場合でも、ドイツとともにソ連を東西から挟撃して早期に崩壊させるべきだとして、対ソ武力行使を主張した。イギリスの対独抗戦意志を破砕するには、ソ連の屈服が必要であり、そのことはまた日本の北方からの脅威を取り除くことになると考えていたからである。

だが、武藤は、対英戦途中での対ソ武力行使には反対だった。ソ連の国力と領土の広大さからして、独ソ戦は国家総力戦となり、長期化するとみていた。したがって、ヒトラーが再開を公言していた英本土上陸作戦は遠のき、近い将来でのイギリス崩壊の可能性も低下すると判断していた。また、たとえ日本が北方武力行使に踏み切ってもソ連は容易に崩壊せず、日中戦争に相当の戦力を割かれている今、さらに本格的な対ソ開戦となれば、基本国策である南方への展開が事実上不可能になると考えていた。それゆえ、事態を静観し情勢の展開を見守るしかないとの姿勢をとった。

独ソ戦の可能性がドイツ駐在武官などから伝えられていたころ、武藤は、ドイツが対ソ戦をはじめることはないだろうと考えていた。

そもそも武藤は、三国同盟をイギリスに対する軍事同盟、イギリス打倒のための同盟として想定していた。また、三国同盟を活用して、日ソ国交調整を進め、各国からの対重慶政府援助を抑えようとしていた。したがって、それは対米戦を目的とするものではなく、対米関係においては、日ソ中立条約と相まって、あくまでも日米戦を阻止するためのものと位置づけられていた。武藤は、対米戦はできるかぎり回避すべきだし、回避可能だとみていた。日米間にフリクションが生じても、アメリカは必ずしもアジアに死活的利害をもっておらず、アジアにおいて日米間に妥協不可能な対立はありえない、と考えていたからである。したがって、三国同盟と日ソ中立条約によってアメリカの軍事介入を阻止しながら、南方に進出し大東亜共栄圏を形成することは可能だと判断していた。

だがドイツは、武藤が対米牽制のための提携国の一つとみていたソ連を攻撃した。これが武藤の想定に狂いを生じさせた。武藤からみて、独ソ戦はドイツの戦略的誤りであった。独ソの亀裂は、アメリカ参戦への抑止力を弱めるばかりでなく、独ソ戦の長期化によって、ドイツの英本土侵攻の見通しが立たなくなってきたからである。そのことは南方への武力展開による大東亜共栄圏の形成が困難となることを意味した。英米連携による頑強な軍事的抵抗が予想されたからである。それでは、武藤が最も警戒していた対米開戦に陥ることとなる。

ここから、武藤はナチス・ドイツに一定の距離を取るようになってくる。対米交渉対応においても、日米国交調整の阻害要因の一つとなっている三国同盟の存在に、それほど重きを置かないスタンスをとる。

しかし田中は、対米戦は不可避だとみており、三国同盟もそのためのものだった。対米戦にはドイツとの同盟が絶対に必要だと判断していたからである。

田中は、独ソ開戦後も、ナチス・ドイツへの信頼は揺るがず、三国同盟を重視し、アメリカの参戦に備えるための軍事同盟は絶対に必要だと考えていた。

独ソ戦以後、武藤は、ドイツとの軍事同盟に固執するよりも、日米交渉によって対米戦を回避することに全力を注ぐこととなる。対米国交調整を実現するとともに、それによって日中戦争を解決し、対米戦を避けて将来に備えるべきと判断していたように思われる。したがって、当面は南方武力行使による大東亜共栄圏の全面的建設は断念せざるをえないと考えていたといえよう。

もちろん、武藤も国防国家建設のため、大東亜共栄圏の形成には強い執着をもっていた。独ソ戦時に北方武力行使に反対したさいにも、自らの予想に反して早期にソ連が崩壊した場合には、対ソ武力行使を容認していた。また、ドイツがソ連を屈服させた後、イギリス本土侵攻に成功した場合には、南方武力行使に踏み切るつもりだった。その場合にはドイツとの同盟も意味をもつことになる。しかしそのような事態となる可能性は少ないと判断していたのである。

したがって、少なくとも、将来に備えて仏印・タイへの影響力は維持し、同地域の資源は確保しておこうとしていた。

しかし、すでに対独参戦を決意していたアメリカ政府は、日本の参戦回避のため、三国同盟の事実上の空文化を求めていた。そしてまた、対日全面禁輸決定後は、全仏印からの撤兵を要求した。アメリカは、世界戦略上、そして安全保障上、イギリスの存続に強い関心をもっており、いわば死活的利害を有していた。仏印への日本軍の駐留は、マレーや西ボルネオなどの英領植民地を脅《おびや》かすものと考えられていたからである。アジアの英領植民地からの物資補給の途絶は、イギリスの対独継戦を困難にする可能性があるとみられていた。また、アメリカ自身、東南アジアの生ゴムや錫などの資源を必要としており、その安定的確保の観点からも日本軍の駐留は容認し得なかった。

さらにアメリカは、通商無差別原則の中国への適用、中国からの日本軍の撤兵を要求した。武藤は、日米戦を避けるためには、三国同盟問題の譲歩、通商無差別原則の承認、全仏印からの撤兵のみならず、中国からもある程度の撤兵はやむをえないと判断していた。

そして、武藤は、この線で東条首相を説得し、了承をえていた。また外務省の乙案についても、反対する参謀本部を説き伏せ、受け入れさせた。ドイツとの距離感が生じていた武藤にとって、世界戦略上、日米戦の回避は、これまで以上に大きな重みをもつ課題であったからである。したがって、日米交渉の過程で、最終的には中国撤兵についても、甲案での駐兵条件より、さらに譲歩する考えをもっていたようである。

だが、ハル・ノートによって、もはや交渉継続の道は断たれたと判断した武藤は、やむなく対米開戦を最終的に決意する。

なぜ武藤は「中国撤兵」に踏み切れなかったのか？

しかし、疑問は残る。武藤が、対米戦回避を最重要視していたのなら、なぜ、より早い段階で、中国からの全面撤兵に踏み切らなかったのだろうか。またその線で、東条や田中を説得しようとしなかったのであろうか。たとえ全面衝突によって免職になったとしても、武藤に確信があれば、自ら「傲慢不遜」（矢次『昭和動乱私史』上巻）と称するその性格からして、自説を貫くことに躊躇しなかったであろう。

アメリカがすでに対独参戦を決意し、対日開戦の可能性も念頭に置きながら、日米交渉において早くから中国撤兵を要求していたことは、武藤も十分承知していた。

だが武藤にとって、甲案に含まれていた、華北・内蒙古の資源確保とそのための駐兵は、ことに重要な意味をもっていた。そもそも華北・内蒙古の資源は、武藤が強い影響を受けた永田鉄山が重視していたものだった。永田は次期大戦に備えるためには、中国資源の確保が必要であるとして、満州事変の後、華北分離工作に乗り出した。永田暗殺後、石原莞爾らによって華北分離工作は中止されたが、武藤は永田の遺志を継ぐかたちで、再び中国での資源確保のための勢力拡大を強力に推し進めた。それが日中戦争であった。

中国からの全面撤兵とそれにともなう特殊利権（資源開発権など）の放棄は、これら永田以来の営為の結果が、全て無に帰することを意味した。自らも所属していた一夕会結成以来の昭和陸軍の長い努力が、全く無意味なものとなってしまうのである。

対米戦回避に力を尽くそうとした武藤といえども、容易には、そこまでは踏み切れなかったといえよう。また、それを東条や田中に説得するだけの武藤自身の覚悟がつかなかったのではないだろうか。それにしても、それによってもたらされた内外の犠牲はあまりにも大きかったといえよう。

東条も、先にふれたように、国家総力戦による様々な影響の大きさを予想して、対米戦には最後まで躊躇し動揺していたが、武藤と同様の理由で、中国からの全面撤兵は受け入れられなかった。華北・内蒙古駐兵を固守する点では、武藤よりはるかに強硬であった。

アメリカとの妥協を不可能にしたもの

また武藤は、永田の対米認識を受け継いで、アメリカはアジアに死活的利害をもたず、日米間に妥協不可能な対立はありえないとみていた。すなわち、日米間でアジアにおける利害の対立が起きても、政治的妥協による解決が可能だと考えていたのである。

東アジアすなわち日中関係に限れば、このような見方は必ずしも的を外したものではなかった。アメリカ国務省の対日強硬派であるホーンベック国務長官特別顧問（元極東部長）でさえも、アメリカは中国市場をめぐって日本と戦争するべきでないとし、日米戦争回避のスタンスだった。

だが、欧州大陸をドイツが席巻し独英戦争が始まると、アメリカはアジアに死活的利害をもつこととなる。すでにふれたように、アメリカはイギリスの存続に安全保障上、死活的な利害をもっており、そのイギリスの存続にとって、アジアの英領植民地は不可欠のものだった。それゆえ、アメリカ政府は、日本が三国同盟に基づいて対英参戦することを危惧し、それを阻止しようとしていた。日本が参戦すれば、その海軍によってイギリスへのアジア・オーストラリアなどからの物資補給が遮断されるおそれがあったからである。そのような事態は対独抗戦に苦しむイギリスを崩壊させかねないとみられていた。

欧州大戦を通じて、日本の大東亜共栄圏構想は、アメリカの世界戦略と正面から衝突することとなったのである。その結節点となったのが、イギリスであったといえよう。

武藤の戦争終結プラン

このような状況のなか、武藤は、できるかぎり日米戦は回避すべきだと考えていた。だが、それが不可能になった場合は、大東亜共栄圏建設に突き進む選択肢も捨ててはいなかった。したがって、当然、武藤ら軍務局でも、参謀本部戦争指導班や海軍の協力をえて、対米戦となった場合の軍事戦略「対米英蘭戦争指導要綱」が作られていた（「石井秋穂大佐回想録」）。

その内容は、次のようなものであった。対米英蘭戦は長期戦となる。先制奇襲攻撃によって、戦略上優位の態勢を確立し、重要資源地域および主要交通網を確保して長期自給自足の体制を整える。武力戦による占領地の範囲は、ビルマ、マレー、蘭印、フィリピン、グアム、ニューギニア、ビスマルク諸島までとする。占領地においては、重要国防資源を確保し、作戦軍の現地自活の方針をとる。

戦争終結の方向については、軍事的にアメリカを屈服させることはできず、独伊と提携してイギリスを屈服させ、欧州での足がかりを失わせる。またアジアからも、日本の海軍力によって米勢力を一掃する。こうしてアメリカをアジアと欧州から切り離して孤立させ、その継戦意志を喪失させ、戦争終結を図るとの方針であった。

ただ、武藤は、このような戦局の見通しについては、より悲観的であった。したがって、もし可能なら、相当不利な条件でも早期講和すべきとの意見をもっていた。

一般には、対米開戦時、陸軍は戦争終結の見通しを全くもっていなかったとの見方があるが、武藤らは、一応このような戦争終結方針を考えていたのである。また東条も、「対米英蘭戦争指導要綱」を了承していた。

対米開戦前、一九四一年（昭和一六年）一一月一五日、大本営政府連絡会議は、この「対米英蘭戦争指導要綱」をほぼ踏襲して、「対米英蘭戦争終結促進に関する腹案」を採択した。

そして、一二月一日の御前会議において、開戦の決定がなされた。

終章　A級戦犯として

一　南方戦線

一九四一年（昭和一六年）一二月八日、日本は真珠湾を奇襲し、太平洋戦争に突入した。真珠湾攻撃の一時間前、日本軍は英領マレーへの攻撃を開始し、本格的な南方攻略作戦に取りかかった。

翌一九四二年（昭和一七年）一月末には、マレー半島をほぼ制圧し、二月一五日、アジアにおけるイギリス最大の軍事的根拠地シンガポールを占領した。また、米領フィリピンでも、一月初旬にマニラが陥落。在フィリピン米軍も五月初旬には降伏した。また、真珠湾でアメリカ太平洋艦隊は戦艦群に大打撃を受け、当面、本格的な作戦行動はできなくなっていた。

オランダ領東インド（蘭印）については、日本政府は石油関連施設の破壊を恐れ、交渉による進駐を希望したが蘭印側が拒否、一月一一日攻撃が開始された。日本軍は、スマトラ島、ジャワ島などを攻略し、三月九日には蘭印軍を降伏させた。

英領ビルマへも開戦直後から侵攻に着手し、三月八日には首都ラングーンを占領、五月末までには、ほぼビルマ全域を制圧した。

このようなか武藤は、三月中旬から、サイゴン、シンガポール、マニラなど南方地域の視察のため東京を離れる。その目的は、現地の実情や占領地行政の実態を掌握するためだった。

ところで、南方視察出発前の一月三日、武藤は国策研究会の矢次一夫を迎え、次のように語っている。

〈「古今の戦史を見ると、戦うべきときに戦わなかった国家は、相手国の屈辱に甘んずる結果、国民は志操を失い、領土や資源の多くを奪われる結果、再起の力をもつにいたらない。……勝敗に拘わらず、義を重んじ、名を惜しみつつ戦うことによって、敗れたりとしても、後世の国民は、戦い抜いた父祖の志操と勇気を伝承することにより、またいつの日にか復興し得るときがあろう」〉（矢次『昭和動乱私史』下巻）

対米戦回避を望みつつ、ついに開戦を決断した武藤の内面の葛藤を述懐したものだといえよう。

軍務局長を解任される

ところが、一九四二年（昭和一七年）四月、南方戦線視察直後、武藤は軍務局長を解任され、近衛師団長に任命される。この時、近衛師団はスマトラに駐留していた。

この解任は、武藤にとって思いがけないことだったようで、後々まで、その理由を知りたがっている。だが、武藤解任について、正確なことは分かっていない。

ただ、矢次一夫の回想によれば、この年の元旦に、武藤が重臣の岡田啓介や東郷外相に、早期に講和を実現し、戦争を終結に導くよう話している。このことが東条首相兼陸相に知られ、解任に至ったのではないかとされている（矢次『昭和動乱私史』下巻）。

この点について、東郷外相も、戦後、次のように回想している。

〈〔一九四二年元旦〕午後、武藤軍務局長が年始の挨拶に来訪して時局談に及び、戦争はなるたけ急速に終結するのが日本にとり得策であるので、是非その方向に動かさるることを願望するが、それには東条大将に総理を辞めてもらう必要があるといったが、その足で岡田大将をも訪ねて同様のことを述べたということであった。なお、この種のことが東条の耳に入って、同人の南方転出を見るに至ったとの噂があった。〉（東郷茂徳『時代の一面』）

かねてから武藤は、長期の国家総力戦を遂行するには、強力な政治指導が必要であり、そのための内閣は国民的基礎をもったものでなくてはならないと主張していた。つまり、対米戦のような国家総力戦には、全国民の組織的エネルギーの最大限の発揮、すなわち国家総動員が必須である。それには国民的組織を基礎とする内閣によって強力な政治指導が行われなければならない。そう考えていたのである。

そのような観点から武藤は、東条内閣は開戦内閣であり、開戦後の戦争遂行はもっと広範な国民層に基礎をもった別の内閣でやるべきだ、との意見を周囲に漏らしていた。そして、岡田らを訪ね、そのような新内閣体制樹立への協力を内々に要請していた。

このような武藤の動きが憲兵隊の情報網に知られ、東条にも報告された。武藤はこのことで東条の逆鱗《げきりん》にふれ、軍務局長解任のうえ、南方戦線に飛ばされたのではないかと、矢次は推測している（矢次『昭和動乱私史』下巻）。

これ以後、武藤は陸軍中央に復帰することはなかった。

その後、武藤は近衛師団長としてスマトラに転出。後任の軍務局長には、東条に近い佐藤賢了軍務課長（統制派系）が就いた。

スマトラへ赴任

軍務局長を解任された武藤は、同年五月、近衛師団長として、北スマトラのメダンに赴任した。近衛師団はスマトラの北半分を守備区域としていた。スマトラは当時オランダ領東インドの一部で、すでに日本軍の占領下にあった（二月中旬、スマトラ島攻撃開始。三月上旬、蘭印軍降伏）。この時のことを武藤は、戦後、次のように回想している。

〈私は、二年七ヶ月の軍務局長から第一線の師団長に栄転し真に嬉しかった。……軍務局長の不愉快さはやって見ねば解らぬことで、これを解放されたのだから嬉しいに決まっている。〉
（武藤章『比島から巣鴨へ』）

武藤は陸軍中央要職から解任されたわけだが、彼にとって南方戦線への転出は、むしろ「解放された」との気分だったようである。武藤にとって、師団長は、中隊以上を指揮する初めての部隊長職経験だった。これまで、内地でも中国戦線でも、幕僚としての勤務に終始し、中隊以上の部隊を指揮することはなかったからである。

メダンに到着してから約一ヵ月間の視察で、武藤は、将兵たちが「戦争はすでに勝った」と信じていることを知る。しかし彼自身は、「この戦争は容易なものではない、今後どんな変化を来すか解らん」と判断し、今後については、「予測を許さぬ」ものだとみていた（同右）。

田中作戦部長の更迭

一九四二年（昭和一七年）六月、ミッドウェー海戦で、連合艦隊は主力空母四隻を失い、大きな打撃を受けた。八月には、ガダルカナル島の攻防戦が始まり、激しい戦闘が続く。だが、翌一九四三年二月、ついに日本軍は同島から撤退する（戦没者約二万人）。これが日本軍の太平洋戦線での後退の始まりとなった。

この過程で、撤退方針をめぐって東条首相と対立した、田中新一作戦部長が更迭される。田中はアメリカと長期持久戦を戦いつつ、対ソ武力行使の機をねらい、ドイツと連携してイギリスを屈服させるという構想をもっていた。田中にとって、ガダルカナルは対米持久戦の要であり、日米戦争の決戦地だったのである。しかし、戦争システム全体の維持を担う東条首相にとって、田中ら作戦部の要求はとうてい実現不可能なものだった。また連携先と頼んだドイツの国力も、イギリス、ソ連、そしてアメリカとの二正面戦争に耐えうるものではなかった。

田中は一九四二年一二月、シンガポールの南方軍総司令部付となる。この時点で武藤、田中のいない陸軍中央は「戦略家」不在となり、場当たり的な対処を続けるほかなくなっていた。

一方、一九四三年（昭和一八年）六月、武藤は近衛第二師団の師団長となった。国内に新たに近衛第一師団が創設され、従来の近衛師団が、守備区域はそのままで、近衛第二師団に名称変更されたのである。

この頃、武藤は第二師団長としての訓示で、「玉砕は自殺行為」であり、地形の利用・陣地の強化などにより、「強靭なる抵抗を持続」すべきだとしている。たとえ戦局が不利に陥っても、敵に持続的に損害を与え、徹底的に抵抗すべきだというのである。そのためには、持久戦にむけての「自活自戦の態勢」が必要だとしていた（同右）。

南方軍参謀であった今岡豊は、その回想で、武藤について、第二五軍司令官田辺盛武が、その「周到なる防衛陣地の構築」に感心していたことを記している（「今岡豊の手記」『軍務局長武藤章回想録』）。

一九四四年（昭和一九年）七月、サイパン島が陥落する。この頃、武藤は副官に、「戦争は負けた」と語っている。この時点で武藤は太平洋戦争の勝敗は決したとみていた。だが、スマトラでは、けっして「玉砕」することなく、戦争が終わるまでは、「自活自戦の態勢」をとり、持久戦を戦い抜くべきだ、との考えだった。

フィリピン行きという「死の宣告」

ところが、同年一〇月上旬、武藤はフィリピンの第一四方面軍の参謀長に任命される。フィリピンは作戦準備が何もできておらず、武藤はこれを「死の宣告」と受け取っている（武藤『比島から巣鴨へ』）。自身の死を予期したのであろう。

同月下旬、武藤はマニラの第一四方面軍司令部に赴任する。軍司令官は山下奉文だった。かつて山下と武藤は、北支那方面軍の参謀長、参謀副長の関係で、すでに親しい間柄にあった。第一四方面軍司令部は、マニラから一〇キロほど離れた、ポート・マッキンレーに置かれていた。第一四方面軍は南方軍に組み入れられており、当時南方軍総司令部はマニラにあった。

同時期、アメリカ軍はレイテ島に上陸する。武藤は、マニラ赴任当初はフィリピンの地理についての知識はほとんどなく、レイテの位置も知らなかった（栗原賀久《よしひさ》『運命の山下兵団』）。

さて、大本営は、ルソン島での決戦を想定していた。だが、武藤のマニラ着任直後、大本営は突如守備方針を変更し、レイテに兵力を集中して、アメリカ上陸部隊を殲滅《せんめつ》すべき、との命令を下した。フィリピン防衛方針の突然の転換だった。台湾沖航空戦の戦果を過大評価したためである。これをうけ、南方軍総司令官の寺内寿一は、「驕敵《きょうてき》撃滅の神機到来せり」との命を麾下《きか》の部隊に発した。武藤はこれを「青天の霹靂《へきれき》」だったとしている（武藤『比島から巣鴨へ』）。大本営の方針転換があまりにも突然であり、かつ、山下・武藤ら第一四方面軍司令部の戦局判断と異なっていたからである。

第一四方面軍司令部は、大本営の方針に反対の意向だったが、やむなく命令に従い、その主力が展開しているルソンから、レイテへと急遽《きゆうきよ》、兵力注入を実施した。

だが、アメリカ軍は大規模な戦力を投入し、日本軍に激しい砲爆撃を加え、深刻な損害を与えた。そして圧倒的な火力のもとに、上陸を開始。制空権も掌握した。

そのような状況下、寺内ら南方軍総司令部は、サイゴンに移った。

一方、第一四方面軍は、ルソン島を中心に抵抗を続けた。一二月中旬、大本営作戦部長宮崎周一が、第一四方面軍司令部を訪れ、「第十四方面軍は依然中部比島において米軍の進攻を撃破すべし」との命令を伝えた。これに対して武藤は、ルソン島防衛の重要性を主張した。宮崎作戦部長は、この意見を容れ、「方面軍司令官にて適当に裁量せられたし」と答えた（同右）。ルソン島での作戦行動について、独自の判断が可能になったのである。宮崎は、山下軍司令官の自由な裁量で、米軍をルソンに足止めし、日本内地に対する攻撃をできるだけ遅らせてほしい、との意向だった。

この間、第一四方面軍は、司令部をマニラ北方、ルソン島中央部のバギオに移していた。ルソン島での徹底抗戦に備えるためである。

一二月下旬、第一四方面軍は、武藤を中心に、今後の作戦計画を立案・決定した。その主要な内容は、ルソン島を三つの地域に分け、北部を尚武集団、中南部を振武集団、西部を建武集団に戦闘を担当させるものだった。尚武集団は、方面軍司令官直轄部隊で、第一〇師団、第二三師団などで構成されていた。振武集団は、第八師団、第一〇五師団からなり、マニラ防衛を主任務としていた。建武集団は、第一〇師団の一部、陸軍航空隊・海軍航空隊の勤務員などからなる、全くの臨時編制部隊だった。

なお、翌年（一九四五年）一月四日、武藤は、第一四方面軍の司令部があるバギオから、マニラで病床にあった冨永恭次第四航空司令官を訪ねている。前にも述べたように、東条の最側近とも呼ばれた冨永は統制派系の有力軍人として武藤、田中とも陸士同期で親しい関係にあった。そこで武藤は冨永に、できればバギオ近辺に移ることを勧めた（防衛庁防衛研修所戦史室『捷号陸軍作戦』第二巻）。だが、一月一七日、冨永は、上級組織の承諾を得ることなく、単独で戦線を離脱し、台湾に逃亡した。そのため、冨永は、第四航空司令官を罷免され予備役となった。ちなみに冨永は再び召集され、満州の師団長として終戦を迎え、約一〇年間のシベリア抑留を経験、帰国後、一九六〇年（昭和三五年）に世を去った。

バギオでの武藤は、参謀長として、ルソン防衛計画を作成したが、軍需物資の不備は想像以上で、計画の策定は困難を極めた。前年一二月初旬頃からフィリピン上空の制空権および周辺海域の制海権を完全に米軍に握られていたためである。

軍需物資のうち最も重要な輸送手段についてみると、自動車は四五〇〇台を保有していたが、約三分の一は破損により稼働不能な状態にあった。また、自動車用ガソリンは、航空用ガソリンの輸送に力を注いでいたために、甚だしく不足していた。

鉄道も稼働機関車は一二～一三輌にすぎなかった。ルソンへの輸送船も、多くは撃沈され、輸送量の二〇パーセント程度しか届かなかった。

このような状況の中で、武藤ら第一四方面軍司令部は、マニラを戦闘地域としないこと、婦女子の内地への帰還などを決定した。そして、比較的大規模な部隊は、それぞれ「自活自戦の態勢」を確立し「永久抗戦」を続行すべし、との指示をだした。武藤は、「玉砕の美名の下に自殺を急ぐ」のは、日本軍の「重大なる欠点」だとして、「あくまで抗戦を続行」すべきと考えていた（武藤『比島から巣鴨へ』）。

なお、第一四方面軍司令部は、前年（一九四四年）の一二月下旬に、マニラの北方約五〇キロにあるイポに移転していた。その後、司令部は、米軍に抗戦しながら、バギオ、バンバン、キャンガン、ハバンガン、バクダンへと移動した。この間、米軍の激しい砲爆撃のみならず、フィリピン人の抗日ゲリラにも悩まされた。翌年（一九四五年）三月中旬、司令部とほぼ行動を共にしていた、フィリピン政府のラウエル大統領は、アキノらの一部閣僚と共に東京に脱出した。この時、武藤が一行の見送りにいき、「春寒く　亡命の人　山をくだる」との句を残している。なお、武藤には、バンバンで詠んだ「老将の　蠅叩きをり　卓ひとつ」という句もある（同右）。これは、バンバンで居住していた狭いニッパー・ハウスで作ったもので、「老将」

とは山下軍司令官をさす。

山下や武藤は、ルソンでの戦闘によって、敵をできるだけ長くフィリピンに引きつけ、アメリカ軍の日本本土攻撃を遅らせようとしていた。それには、フィリピンをアメリカ軍が素通りしないようにすることが必要で、単にルソン島内の陣地にこもるのではなく、積極的に攻撃を米軍に仕掛け、彼らが反撃せざるを得ない状況に持ち込もうとした。そのため、各部隊に持続的な徹底抗戦を指示した。

だが、圧倒的な戦力で攻撃してくるアメリカ軍に、日本側は苦戦を強いられ、ルソン島中央部の山岳地帯に追い詰められていく。弾薬、食料も決定的に欠乏していた。

一九四五年七月下旬、第一四方面軍司令部は、ついに、九月上旬には統一ある作戦行動は不可能になる、との結論に達した。その時点で、山下・武藤は自決、各隊は小部隊に分散してゲリラ的抵抗を持続することが示された。

しかし、その後、八月一四日、海軍より、日本政府がポツダム宣言を受諾した旨の通報があった。八月一五日、第一四方面軍司令部は東京放送で終戦の詔勅が発せられたことを知る。八月一七日、あらためて、ラジオで終戦直前の御前会議の模様と終戦の詔勅についての放送があり、武藤もこれを聞いている。

八月二四日、軍の合同慰霊祭が行われ、武藤が委員長として挨拶した。

九月三日、バギオにおいて、降伏の調印式が行われ、武藤も山下と共に出席。その後、捕虜としてマニラに移送された。そこで、山下の戦争犯罪を裁く軍事裁判が開かれ、武藤もその証人として出廷する。本書冒頭で紹介した山本七平の回想での武藤は、マニラ郊外のカランバン捕虜収容所での姿である。

なお、山下は、一九四五年（昭和二〇年）一二月七日、絞首刑判決をうけ、翌年二月二三日に刑死している。

二　東京裁判

一九四六年（昭和二一年）五月上旬、東京で極東国際軍事裁判が始まった。そこで、東条英機ら二八名のA級戦犯に対する審理が始まった。武藤も、そのA級戦犯の一人として、起訴された。武藤は、マニラでの軍事法廷で、山下の弁護側証人として出廷した後、捕虜収容所に収監されたが、四月上旬、日本に送還され、巣鴨拘置所に収容されていた。

この裁判（東京裁判）での訴因は、共同謀議ほか五五項目にわたり、それらは、「平和に対する罪」「殺人」「通例の戦争及び人道に対する罪」の三つに大別された。

法廷では、ウエップ裁判長の訴訟指揮のもと、その五五項目について、各被告の罪状が検討

東京裁判での武藤（右）。左は荒木貞夫

された。まず、六月上旬、キーナン首席検事が冒頭陳述を行い、続いて各国代表検事が、それぞれの国が関わる部分を担当して立証に臨んだ。検察側の立証は、約七ヵ月に及んだ。

これに対して被告側は、一九四七年（昭和二二年）二月下旬、清瀬一郎弁護人が包括的な冒頭陳述を行い、さらに、ローガン弁護人ほかが、検察側のそれぞれの論点に対する反証に入った。この弁護側の反証は、一般段階についての反証と、個人反証に分かれており、約半年間にわたる一般段階の反証の後、九月上旬から被告それぞれについての個人反証を行うこととなった。

この個人反証の段階で、武藤も、被告として証言台に立つことになる。彼の個人反証は、一二月一二日から、一三日、一四日、一七日の四日間にわたり、最後に武藤自身が発言している。

この時、武藤は、彼の弁護を担当する岡本尚一弁護人に、「ガイ骨を　秋白日に　あるがまま」との句を託している（朝日新聞法廷記者団『東京裁判』）。

武藤の個人反証は、次のようなコール弁護人の冒頭陳述ではじまった。「軍務局長としての被告の在職期間……に関しましては、検察側は田中隆吉［当時兵務局長］の証言を最大のよりどころとした……。吾々は右の陳述は虚偽であること……を示したいと思うのであります。……我々は武藤将軍が、日米交渉の円満妥結に対して絶えず全幅の努力を払ったことに関して、……裁判所の格別なるご注意を喚起したいと存じます」（極東国際軍事裁判所編『極東国際軍事裁判速記録』）。

また、武藤の個人弁護のさい、証人として、西浦進、岩畔豪雄、山本熊一などが出廷している。西浦は、前にもふれたように、軍務局長時代の武藤の部下で、軍務局長の職務権限や大本営政府連絡会議での役割などについて証言した。

岩畔は、武藤の指示を受け、野村駐米大使らと共に、いわゆる日米諒解案の作成に携わった人物（元軍事課長）である。岩畔は、野村大使らと作り上げた日米諒解案が、ハル国務長官に非公式なものとして取り上げられたことを、「武藤は大変喜んで」いたと証言している。また、イギリス軍のダンケルク撤退の頃、武藤が「一般に我国ではドイツの力を過大評価しているものが多い、だがドイツ軍はドウバーを渡って英本国に進攻することはできない。……この戦争は長期戦になる」と語ったことに言及している。

山本は、日米開戦前、外務省アメリカ局長のポストにあり、武藤や海軍の岡軍務局長と緊密に連絡を取り合っていた。彼は、大本営政府連絡会議で乙案が決定された際には、武藤が「非常な熱意をもって説得」したことを証言した。また、開戦前の一一月中旬、日本側から示された乙案について、野村大使からの知らせを受けた武藤や岡は、「前途に相当の光明」ありと非常に喜び、交渉妥結の場合の対処に忙殺されていたとの証言を残している。

武藤の宣誓口供書

一一月一三日、武藤自身が証言台に立った。

法廷では、まず、武藤の宣誓口供書《こうきょうしょ》が読み上げられた。そのなかで武藤は軍務局長時代について、いくつかの出来事にふれている。

一つは、一九四〇年（昭和一五年）三月一九日の議会での発言で、「政党、官吏、軍人が相協力して国際危機を突破せねばならぬ」が、それは「国体主義とでもいうべき」もので、「個人の利益よりも先ず国家の利益のために努力せねばならぬ」と主張した、としている。

第二は、「日米交渉」についてで、「是非ともその妥結に成功せねばならぬ」と考えていたこと。そして、当時の状況が「そのままの勢で進めば結局日本は非常な難局に陥るほかはない。しかし日米交渉がうまく纏《まと》まれば、日英米関係が調整されるのみならず、支那事変も解決することになって日本は救われる」とみていたことを述べている。

第三は、海軍との関係についてである。日米交渉が困難な状況となった時、武藤は、対米戦の見通しについて、「海軍大臣をして海軍の真意を表明させることが必要」だと判断し、富田内閣書記官長などを通じて働きかけた。だが、「海軍側にその態度を表明させることは遂に成功いたしませんでした」としている。

第四は、三国同盟締結についてで、「ヒットラーやムッソリーニのごとき成金は信用ができない」と武藤は考えていた。ドイツ、イタリアの国力はその宣伝ほどではなく、ヒトラーやムッソリーニにとって、「如何なる無謀な行為も、またたとえ失敗しても、それは彼らを一代の英雄たらしめるものとして自ら満足できるであろうけれども、日本の政治家はそうはゆかない。万一失敗した場合には、三千年の歴史を有する国体に傷がつくから、ヒットラー、ムッソリーニとの同盟は危険である」と判断していた。

それに関連して、武藤は、「英独戦は持久戦化する」とみており、辰巳栄一駐英武官の報告などから、「独逸の終局的勝利を疑っておりました」としている。

そのほか、宣誓口供書では、スマトラの近衛師団長時代、フィリピンでの第一四方面軍参謀長時代についてもふれられているが、ここでは省略する。

質疑

宣誓口供書が読み上げられた後、武藤への質疑が行われた。そこでの武藤の応答から、注意を引くものをいくつかみておこう。

まず、日米交渉の最終段階での大本営政府連絡会議における乙案採択時の武藤の動きについて質問があり、参謀本部の反対に対して、「私が参謀総長に意見を申しまして、［乙案提案者の］東郷外務大臣の意見に同意されるようにした」と答えている。

次に、日米交渉が困難な状況となった時の海軍への働きかけに関して、一九四一年（昭和一六年）一〇月一四日、富田内閣書記官長を訪問しているが、その時の話の内容はどのようなものだったのか、との質問がだされた。

これに対して武藤は、「九月六日の御前会議決定は、海軍も同意の上にできあがったものであるが、現在海軍の態度は、表面的には九月六日の御前会議決定を実行することについて、反対はしてないが、内面には不同意のようにみえる。海軍が戦争を欲しないならば、陸軍もその態度を変えなければならない。しかるに、その態度をはっきりしないで、総理大臣に一任するということを言っている。これでは陸軍部内の強行論者を抑えていくということが、陸軍大臣としては不可能だ。それで一つ内閣書記官長が骨折って、海軍の態度をはっきりさしてくれ。そうすれば大臣も参謀本部その他の積極論者を抑えていくことができる」との趣旨を話したと答えている。そして、「太平洋戦争というものは、海軍が主役でありますので、海軍が欲しないのに、いかに積極論者といえども陸軍ではどうすることもできないのです」と付け加えている。

さらに、開戦翌年の元旦に東郷外務大臣を訪ねた時の話題はどのようなものだったか、との質問に対し、武藤は、「この戦争の将来は実に難しいものであって、これはなるべく早く戦争の終末を来さなければならぬと自分は思っている。それで外務大臣の今後の施策は、一刻も早くこの戦争を終末に導くようにやっていただきたい」旨を伝えたと答えている。

また、日独伊三国同盟への態度について問われ、武藤は、同盟締結には「賛成でありませんでした」と述べている（『極東国際軍事裁判速記録』）。その他にも、いくつかの論点について質疑応答が行われたが、一一月一七日、武藤に対する個人弁護は終了した。

武藤の個人弁護について、弁護団の主なねらいは、彼が太平洋戦争開戦には反対だったことを明らかにすることにあったようである。そのことは、事実に即しても、それほど間違ってはいないだろう。ただ、三国同盟に関しては、彼の抱いていた日独伊ソ四カ国提携構想からして、その締結に武藤は必ずしも反対ではなかったように思われるが、どうであろうか。

三　刑死

個人弁護終了後、判決を待つばかりとなった。

その間、武藤は、病床にある石井秋穂に、翌年（一九四八年）二月七日付けで、見舞いの手紙を書いている。そこで、「私が戦争犯罪者とは、如何なる人の誣告ぞと不思議に思いますが、当時の積極論者は皆いずこにか匿《かく》れて、証言さえ回避している始末です。……お互《たがい》に当時ずいぶん苦労したが、今はかえって戦争開始者として起訴されている。面白い。……僕の運命は決定的だと覚悟している」と記している（「石井秋穂宛獄中からの最後の書簡」『軍務局長武藤章回想録』）。すでに死刑判決を覚悟していたようである。

武藤は、同年四月一六日から一一月一八日までの日記を残している。そこには巣鴨での獄中生活や、近親者との面会の記録などが書かれている。その二、三の記述を紹介しておこう。

〈五月一八日……新聞に米陸軍次官ドレーバー氏の談話がみえる。……米国は日本を第二の比島となす考えのようだ。米国は日本を対ソ戦の基地とする考えをもっていることは今や明らかである〉

〈一〇月一六日……［大島や荒木の］指導者は当時［終戦時］なお戦争を継ぐべきであったという結論には反対である。私は……サイパンの線が奪取せられたとき、戦争は負けたものとみた。指導者は一刻も速やかに和平の途を講ぜねばならぬと考えていた。〉

〈一一月七日……私の不思議に思うのは、日本の某々新聞が、東京裁判を連合国対被告と思い込んでいることである。被告に対していかに憎悪を感じても、彼らは日本を代表している。彼らが侵略者であれば、日本も侵略国である。侵略国に対する制裁は、被告に対する処罰で終わるのではない。それは平和条約にもりこまれるのだ。……私は愛国心と対被告憎悪感情とを調整する理性があってほしいと思う。〉（「武藤章の手記『巣鴨日記』」『軍務局長武藤章回想録』）

なお、武藤は、自ら俳号を「泉村《せんそん》」と称し、少なくない数の俳句を残している。その二、三についてはすでにふれたが、この日記にも、いくつかの句を記している。たとえば、「山吹に　濡れたる庭の　掃かれあり」「白壁の　灯に澄む宵を　春雷す」「薫風や　独房の朝　しづかなり」などである。筆者には、これらの、俳句としての価値は解らないが、武藤にとっては、自己の感情表出の一手段として、軽くはない意味をもっていたようである。

武藤に対する判決は、一九四八年（昭和二三年）一一月一二日に下された。

その内容は、「極東国際軍事裁判所は、前述起訴状の判定に基づき、武藤章に絞首刑を宣告する」とのものだった。この判決を下した判事の一人は、武藤の死刑判決について、一一人の判事中、七名の賛成で決まったと、評決の内情を語っている（『朝日新聞』一九四八年一二月一〇日）。

対米戦回避に意を注いだ武藤への死刑判決を意外に思う関係者も少なくなかったが、この判決については、軍務局長在任中の行為は終身刑相当だが、スマトラやフィリピンでの残虐行為の責任から死刑になった、との見方がある（日暮吉延『東京裁判』）。ちなみに対米開戦の主導者の一人といえる田中新一は戦犯として起訴されることなく、一九七六年（昭和五一年）に死去した。

判決後、武藤は、娘の千代子に一つの手記を残している。そこには、東条が武藤に、「君を巻き添えに合わして気の毒だ。まさか君を死刑にするとは思わなかった」と言ったこと、隣室から嶋田繁太郎（開戦時の海軍大臣）の「嬉しそうな高笑」が聞こえてきたことなどが記されている（武藤『比島から巣鴨へ』）。ちなみに、嶋田は絞首刑を免れ、終身禁錮の判決を受けていた。

また、巣鴨刑務所の教誨師《きょうかいし》だった花山信勝と四度面会している。その時、武藤は、「少尉、中尉のころから『真宗』『日蓮宗』『禅』『キリスト教』などを研究し始めたが、『キリスト教』には、なかなかしっくりいかなかった」と話している（花山信勝『平和の発見　巣鴨の生と死の記録』）。

死刑執行は、一九四八年（昭和二三年）一二月二三日に行われた。享年五六。A級戦犯では、最も若い年齢だった。

辞世は、「霜の夜を　思い切ったる　門出かな」とされている（「栗原賀久の手記」『軍務局長　武藤章回想録』）。

おわりに

これまで見てきたように、武藤の意思や努力とは別に、彼が推進した日中戦争や南進論は、やがては勝利の可能性がほとんどない日米戦争を引き起こす可能性が高いものであり、そのことを武藤もよく自覚していた。また、その戦略が中国大陸や東南アジアへの侵略に立脚していたこともあわせて、今日の眼から批判することはむしろ容易だろう。では、私たちは武藤の戦略の破綻から何を学ぶことができるだろうか。最後に、それについて考えてみたい。

そもそも昭和のはじめ、日本陸軍を戦略面で主導した永田鉄山らが直面したのは、解決困難な国際状況だった。第一次世界大戦後の欧州を見た永田は、次の世界戦争は不可避だと予測し、しかもその戦争は膨大な人員と物資、戦費を投入せざるを得ない、国家ぐるみの総力戦になると考えた。アメリカ、ソ連などの大国に対して、国力で劣り、ことに資源の乏しい日本は、どうやったら、将来の総力戦に備えうるか。それが永田らの抱えた難問だったのである。

大国間が互いの勢力圏の確保に走り、拠って立つべき安定的な国際秩序が見いだせない状況で、日本はどうしたらよいのか。永田の死後、その問題意識を引き継いだのが武藤だった。

永田、武藤の発想の原点は、国家総力戦体制構築のための資源確保だった。日本が総力戦を戦うためには資源が足りない。国内で不足する鉄、石炭などの重要資源を獲得するために、中国大陸に武力で進出する必要がある。それが武藤らの描いた日中戦争の論理だった。

だが、そこに新たな軍事、産業における技術革新が起きる。戦場において、航空機、戦車、自動車が大量に使用され、石油、および航空機機体（アルミニウム）の原料となるボーキサイト、タイヤの原料となるゴムなどが新たな戦略物資として重要になった。ところが、これらは、中国にはほとんど存在していなかった。永田が考えたように、中国を押さえるだけでは総力戦は遂行できず、東南アジアに進出する必要がある。これが南進論である。

しかし、東南アジアへの進出は、英米との直接的な利害対立を招く。武藤は国家総力戦論者であったがゆえに、アメリカとの戦争は何としても避けるべきだと考えた。日米間の大きな国力差は、そのまま総力戦の勝敗に直結するからである。

そこで武藤は、日独伊ソ四カ国の提携によって、アメリカの介入を抑えながら、東南アジアの資源を獲得しようと考えたのである。この点では、武藤の戦略は、松岡洋右外相の対独ソ外交と一致していた。この日独伊ソ四カ国連合構想は、それなりに合理的な戦略だったといえる。なぜなら、日独ソの連携は、アメリカにとっても無視できないものだったからだ。アメリカといえども、大西洋と太平洋での同時開戦は回避したかったのである。

一九四一年四月に日米諒解案が作成されるなど、この時期、アメリカは一定の対日融和姿勢を示すが、これは日独伊三国同盟の締結（一九四〇年九月）、さらには日ソ中立条約（一九四一年三月）が、アメリカの対日外交に影響を与えたことを意味する。

そのような状況で武藤は、日米交渉において、アメリカが対独参戦しても日本は必ずしも対米開戦しないことを示唆した。また、南方資源の獲得は、アメリカを刺激しないよう、さしあたり武力行使ではなく外交的手段によって実現をはかる姿勢だった。

こうした武藤の戦略を瓦解させたのは、さらなる国際状況の激変であった。一九四一年六月に開始されたドイツのソ連侵攻である。武藤は四国連合という切り札を失った状態で、対米交渉に臨むほかなくなっていく。一方で、田中新一作戦部長が主導する参謀本部は、対ソ武力行使によって、日独間でソ連を挟撃しようとする方針を提起し、ソ満国境への兵力集中が実施する（関特演）。つまり独ソ戦を機に、日本陸軍の戦略は分裂を深めていったのである。

この独ソ戦は、アメリカの対日姿勢をも大きく変化させた。それまでアメリカは日本との戦争の危険を冒してまで、中国を守るつもりはなかった。日本との戦争は国家総力戦となり、その費用や犠牲は、中国市場の価値を上回ると考えられていたからである。しかし独ソ戦によって、日独伊ソの提携が崩壊し、アメリカへの軍事的圧力が弱まったために、日本軍の中国からの撤兵を強く主張するようになるのである。

さらに、もしソ連がドイツに屈服すれば、日独ら枢軸国側の勢力は増強され、イギリスの存続が危うくなる。イギリスの敗北は、アメリカにとって国際社会での孤立化を意味した。そのためには、対ソ開戦の姿勢を示している日本に圧力をかけ、日本軍を南方に向かわせるしかない。そう考えたアメリカ政府は、対日全面禁輸に加えて、中国からの撤兵要求を強め、日本との緊張関係を高めたのである。この時点では、米英首脳部は、日本の対米英開戦を誘発することになる可能性を、十分念頭に置いていた。

つまり、アメリカも独ソ戦という新たな事態を受けて、その対日戦略を変更したのである。しかし、日本はもはや日独伊ソ四カ国提携に代わるプランは持ちえなかった。対米交渉に望みをかけた武藤も、ドイツがソ連を打倒する可能性に頼った田中も戦略の有効性を失い、その代案はついにあらわれなかったのである。これは陸軍のみならず、海軍、政治、外交といった日本の指導勢力全体にいえることだった。

私は、ここに武藤の挫折のもう一つの教訓があると考える。アメリカには総力戦を（しかもヨーロッパとアジアの両面において）遂行する圧倒的な国力があった。しかし、それだけではなく、国際状況の変化に対応して、その戦略を切り替えていく政治・外交面での「余力」もあったのである。武藤をはじめとする昭和の日本が持ちえなかったのは、そうした環境の変化への対応力でもあったのではないだろうか。

国際環境が大きく変わるとき、その国に与えられた条件の中で、どれだけ柔軟に対応しうる国家戦略を持てるか。これは現代の私たちにも課せられた大きなテーマであろう。

あとがき

本書は、軍務局長時代の武藤を中心に、その前後の時期にもふれながら、彼の思想と行動を検討したものである。武藤は、太平洋戦争開戦にいたる国策決定過程において重要な役割を果たし、また東京裁判ではその責任を問われA級戦犯として処刑された。ところが意外なことに、武藤についての、まとまった研究や著作はほとんど見当たらない。

太平洋戦争終結から八〇年近くがたち、その記憶も薄れつつある現在、ウクライナをめぐる紛争など世界の現状をみるとき、武藤の試行錯誤とその失敗を検討してみることは、示唆するところ少なくないのではないだろうか。

なお、引用文は、読みやすさを考慮して、旧漢字、旧仮名づかいを現行のものに、一部の漢字をひらがなにするなど、適宜書き改めてある。また、カタカナ文は、すべてひらがな文とし、句読点も一部加除してある。

最後に、本書の編集を担当していただいた文春新書編集長の前島篤志さんに、心からお礼を申し上げたい。前島さんには、前著『木戸幸一』に続いてお世話になり、大変なご助力をいただいた。あらためて感謝の意を表したい。

二〇二三年初夏

参考文献（主要なものに限る）

一、武藤章関係

武藤章『比島から巣鴨へ』、実業之日本社、一九五二年。

上法快男編『軍務局長武藤章回想録』、芙蓉書房、一九八一年。

「武藤章宣誓口供書」『極東国際軍事裁判速記録』、大蔵省印刷局、一九四六―四八年。

武藤章「協議条約と日本の立場」『外交時報』第六八四号、一九三三年。

武藤章「国際情勢と日本」『信濃教育』第五六一号、一九三三年。

武藤章「世界現下の情勢と国民の覚悟」『錦旗・新日本建設の最高指標』昭和九年三月号、一九三四年。

武藤章「欧米より見たる極東問題」『経済倶楽部講演』第五二輯、一九三四年。

武藤章「時局の展望と国防国家確立の急務に就いて」『支那』第三二巻第一〇号、一九四〇年。

武藤章「国防国家完成の急務」『東亜食糧政策』、週刊産業社、一九四一年。

武藤章「新東亜建設と太平洋」『東京朝日新聞』昭和一六年一月一日号、一九四一年。

武藤章『日露戦争を回顧し現在の世界情勢に言及す』、日本工業倶楽部、一九四一年。

二、田中新一関係

田中新一『大戦突入の真相』、元々社、一九五五年。

松下芳男編『田中作戦部長の証言』、芙蓉書房、一九七八年。

「参謀本部第一部長田中新一中将業務日誌」、防衛省防衛研究所所蔵。

田中新一「支那事変記録」、防衛省防衛研究所所蔵。

田中新一「大東亜戦争への道程」、防衛省防衛研究所所蔵。

田中新一「大東亜戦争作戦記録」、防衛省防衛研究所所蔵。

「田中新一中将回想録」、防衛省防衛研究所所蔵。

三、同時代の記録

「世界情勢の推移に伴う時局処理要綱に関する綴」、防衛省防衛研究所所蔵。

「金原節三業務日誌摘録」、防衛省防衛研究所所蔵。

「石井秋穂大佐　覚」、防衛省防衛研究所所蔵。

「真田穣一郎少将日記」、防衛省防衛研究所所蔵。

「澤本頼雄氏手記」、防衛省防衛研究所所蔵。

「嶋田繁太郎大将備忘録」、防衛省防衛研究所所蔵。

東條英機『大東亜戦争に直面して』、改造社、一九四二年。

東京裁判研究會編『東條英機宣誓供述書』、洋洋社、一九四八年。

伊藤隆・廣橋眞光・片島紀男編『東條内閣総理大臣機密記録』、東京大学出版会、一九九〇年。

伊藤隆・塩崎弘明編『井川忠雄日米交渉史料』、山川出版社、一九八二年。

伊藤隆編『高木惣吉　日記と情報』、みすず書房、二〇〇〇年。

川田稔編『永田鉄山軍事戦略論集』、講談社選書メチエ、二〇一七年。

原田熊雄述『西園寺公と政局』全九巻、岩波書店、一九五〇—五六年。

『現代史資料』第三四・三五・三六・三八・三九巻「太平洋戦争」、みすず書房、一九六八—七七年。

『続・現代史資料』第四巻「陸軍　畑俊六日誌」、みすず書房、一九八三年。

軍事史学会編『大本営陸軍部戦争指導班機密戦争日誌』全二巻、錦正社、一九九八年。

陸軍省「天皇機関説処理に関する陸軍省要望」『国体明徴問題』、国立公文書館所蔵。

参謀本部編『杉山メモ』全二巻、原書房、一九六七年。

参謀本部編『敗戦の記録』、原書房、一九八九年。

『日本外交文書　日独伊三国同盟・日ソ中立条約』、外務省、二〇一二年。

『日本外交文書　日米交渉』全二巻、外務省、一九九〇年。

『外務省記録・三国同盟交渉資料』、外務省外交史料館所蔵。

木戸日記研究会編『木戸幸一日記』全二巻、東京大学出版会、一九六六年。

極東国際軍事裁判所編『極東国際軍事裁判速記録』、大蔵省印刷局、一九四六―四八年。

共同通信社「近衛日記」編集委員会編『近衛日記』、共同通信社、一九六八年。

帝国議会衆議院事務局編『帝国議会衆議院議事速記録』第一二巻、内閣印刷局、一九四〇年。

文部省教学局編『臣民の道』、内閣印刷局、一九四一年。

四、回想類

『岩畔豪雄氏談話速記録』、日本近代史料研究会、一九七七年。

『鈴木貞一氏談話速記録』、日本近代史料研究会、一九七四年。

『西浦進氏談話速記録』、日本近代史料研究会、一九六八年。

『牧達夫氏談話速記録』、日本近代史料研究会、一九七九年。

『木戸幸一政治談話録音速記録』、国立国会図書館専門資料部、一九九七年。

有末精三『政治と軍事と人事』、芙蓉書房、一九八二年。

池田純久『日本の曲り角』、千城出版、一九六八年。

池田純久『陸軍葬儀委員長』、日本出版協同、一九五三年。

石井秋穂『石井秋穂大佐回想録』、厚生省引揚援護局、一九五四年。

石井秋穂「開戦に至る迄の政略指導」、防衛省防衛研究所所蔵。

石井秋穂「昭和十六年前半期の最高国策の補正」、防衛省防衛研究所所蔵。

石井秋穂「昭和十六年後半期の最高国策の補正」、防衛省防衛研究所所蔵。

岩畔豪雄「近衛第二次内閣国策決定の経緯と三国同盟成立当時の陸軍の立場」、防衛省防衛研究所所蔵。

牧達夫「軍の政治関与と国内情勢」、防衛省防衛研究所所蔵。

井本熊男『作戦日誌で綴る大東亜戦争』、芙蓉書房、一九七九年。

大橋忠一『太平洋戦争由来記』、要書房、一九五二年。

加瀬俊一『ドキュメント　戦争と外交』全二巻、読売新聞社、一九七五年。

近衛文麿『失はれし政治』、朝日新聞社、一九四六年。

近衛文麿『平和への努力』、日本電報通信社、一九四六年。

斎藤良衛『欺かれた歴史』、読売新聞社、一九五五年。

佐藤賢了『東条英機と太平洋戦争』文藝春秋新社、一九六〇年。

佐藤賢了『大東亜戦争回顧録』、徳間書店、一九六六年。

佐藤賢了『軍務局長の賭け　佐藤賢了の証言』、芙蓉書房、一九八五年。

高山信武『参謀本部作戦課の大東亜戦争』、芙蓉書房出版、二〇〇一年。

高山信武『昭和名将録』、芙蓉書房、一九七九年。

高山信武『二人の参謀　服部卓四郎と辻政信』、芙蓉書房出版、一九九九年。

種村佐孝『大本営機密日誌』、芙蓉書房、一九七九年。

東郷茂徳『時代の一面』、中公文庫、一九八九年。

富田健治『敗戦日本の内側』、古今書院、一九六二年。

西浦進『昭和戦争史の証言』、原書房、一九八〇年。

野村吉三郎『米国に使して』、岩波書店、一九四六年。

沢田茂著、森松俊夫編『参謀次長沢田茂回想録』、芙蓉書房、一九八二年。

湯沢三千男『天井を蹴る』、日本週報社、一九五六年。

五、研究書・一般向け図書

アントニー・ベスト著、武田知己訳『大英帝国の親日派』、中央公論新社、二〇一五年。

相澤淳『海軍の選択』、中央公論新社、二〇〇二年。

朝日新聞法廷記者団『東京裁判』、東京裁判刊行会、一九六二—六三年。

ジョナサン・G・アトリー著、五味俊樹訳『アメリカの対日戦略』、朝日出版社、一九八九年。

荒川憲一『戦時経済体制の構想と展開』、岩波書店、二〇一一年。

石井寛治『帝国主義日本の対外戦略』、名古屋大学出版会、二〇一二年。

一ノ瀬俊也『東條英機』、文春新書、二〇二〇年。

伊藤隆『昭和十年代史断章』、東京大学出版会、一九八一年。

伊藤隆『近衛新体制』、中公新書、一九八三年。

伊藤之雄『昭和天皇伝』、文藝春秋、二〇一一年。

井口武夫『開戦神話』、中央公論新社、二〇〇八年。

入江昭『米中関係のイメージ』、平凡社ライブラリー、二〇〇二年。

E・H・カー著、富永幸生訳『独ソ関係史』、サイマル出版会、一九七二年。

鹿島平和研究所編『日本外交史』第二一・二二・二三巻、鹿島平和研究所出版会、一九七〇―七三年。

加藤陽子『それでも、日本人は「戦争」を選んだ』、朝日出版社、二〇〇九年。

北岡伸一編『国際環境の変容と政軍関係』、中央公論新社、二〇一三年。

イアン・ニッシュ・細谷千博監修『日英交流史』全五巻、東京大学出版会、二〇〇〇―〇一年。

近代日本研究会編『昭和期の軍部』、山川出版社、一九七九年。

工藤章・田嶋信雄編『日独関係史』全三巻、東京大学出版会、二〇〇八年。

デビッド・M・グランツ、ジョナサン・M・ハウス共著、守屋純訳『〔詳解〕独ソ戦全史』、学習研究社、二〇〇三年。

栗原賀久『運命の山下兵団』、講談社、一九七四年。

栗原優『第二次世界大戦の勃発』、名古屋大学出版会、一九九四年。

黒野耐『帝国国防方針の研究』、総和社、二〇〇〇年。

近藤新治編『近代日本戦争史』第四編「大東亜戦争」、紀伊國屋書店、一九九五年。

塩崎弘明『日英米戦争の岐路』、山川出版社、一九八四年。

ロバート・シャーウッド著、村上光彦訳『ルーズヴェルトとホプキンズ』全二巻、みすず書房、一九五七年。

ウイリアム・L・シャイラー著、松浦伶訳『第三帝国の興亡』全五巻、東京創元社、二〇〇八年。

鈴木多聞『「終戦」の政治史』、東京大学出版会、二〇一一年。

須藤眞志『日米開戦外交の研究』、慶應通信、一九八六年。

高宮太平『昭和の将帥』、図書出版社、一九七三年。

茶谷誠一『昭和戦前期の宮中勢力と政治』、吉川弘文館、二〇〇九年。

茶谷誠一『昭和天皇側近たちの戦争』、吉川弘文館、二〇一〇年。

筒井清忠『近衛文麿』、岩波書店、二〇〇九年。

手嶋泰伸『昭和戦時期の海軍と政治』吉川弘文館、二〇一三年。

手嶋泰伸『海軍将校たちの太平洋戦争』吉川弘文館、二〇一四年。

戸部良一　ほか『失敗の本質』、中公文庫、一九九一年。

富田武『戦間期の日ソ関係』、岩波書店、二〇一〇年。

中村菊男『昭和陸軍秘史』、番町書房、一九六八年。

永井和『日中戦争から世界戦争へ』、思文閣出版、二〇〇七年。

日本国際政治学会太平洋戦争原因研究部編『太平洋戦争への道』全八巻、朝日新聞社、一九六二―六三年。

野村実『太平洋戦争と日本軍部』、山川出版社、一九八三年。

野村実『歴史のなかの日本海軍』、原書房、一九八〇年。

秦郁彦『旧日本陸海軍の生態学』、中央公論新社、二〇一四年。

波多野澄雄『「大東亜戦争」の時代』、朝日出版社、一九八八年。

波多野澄雄『幕僚たちの真珠湾』、朝日新聞社、一九九一年。

波多野澄雄『太平洋戦争とアジア外交』、東京大学出版会、一九九六年。

服部聡『松岡外交』、千倉書房、二〇一二年。

服部卓四郎『大東亜戦争全史』、原書房、一九九三年。

花山信勝『平和の発見　巣鴨の生と死の記録』、方丈堂出版、二〇〇八年。

林茂・辻清明編『日本内閣史録』全六巻、第一法規出版、一九八一年。

日暮吉延『東京裁判』、講談社現代新書、二〇〇八年。

平井友義『三〇年代ソビエト外交の研究』、有斐閣、一九九三年。

ロバート・J・C・ビュートー著、木下秀夫訳『東條英機』全二巻、時事通信社、一九六一年。

平澤是曠『開戦　大本営陸軍部・道産子幕僚たちの苦悩』、北海道新聞社、一九九三年。

クラウス・ヒルデブラント著、中井晶夫・義井博訳『ヒトラーと第三帝国』、南窓社、一九八七年。

ハーバート・ファイス著、大窪愿二訳『真珠湾への道』、みすず書房、一九五六年。

福田茂夫『アメリカの対日参戦』、ミネルヴァ書房、一九六七年。

藤原彰『太平洋戦争史論』、青木書店、一九八二年。

古川隆久『昭和天皇「理性の君主」の孤独』、中公新書、二〇一一年。

古川隆久『昭和戦中期の議会と行政』、吉川弘文館、二〇〇五年。

古川隆久『ポツダム宣言と軍国日本』、吉川弘文館、二〇一二年。

防衛庁防衛研修所戦史室『大本営陸軍部』全一〇巻、朝雲新聞社、一九六七―七五年。

防衛庁防衛研修所戦史室『関東軍』全二巻、朝雲新聞社、一九六九―七四年。

防衛庁防衛研修所戦史室『支那事変陸軍作戦』全三巻、朝雲新聞社、一九七五年。

防衛庁防衛研修所戦史室『大本営陸軍部大東亜戦争開戦経緯』全五巻、朝雲新聞社、一九七三―七四年。

防衛庁防衛研修所戦史室『大本営海軍部大東亜戦争開戦経緯』全二巻、朝雲新聞社、一九七九年。

保阪正康『昭和陸軍の研究』全二巻、朝日新聞社、一九九九年。

保阪正康『東條英機と天皇の時代』、ちくま文庫、二〇〇五年。

細谷千博編『日英関係史』、東京大学出版会、一九八二年。

細谷千博・斎藤真・今井清一・蠟山道雄編『日米関係史　開戦に至る十年』全四巻、東京大学出版会、一九七一―七二年。

細谷千博・本間長世・入江昭・波多野澄雄編『太平洋戦争』、東京大学出版会、一九九三年。

前田啓介『昭和の参謀』、講談社現代新書、二〇二二年。

ブライアン・R・ミッチェル編著、中村宏他訳『マクミラン新編世界歴史統計』全三巻、東洋書林、二〇〇一―〇二年。

松浦正孝『「大東亜戦争」はなぜ起きたのか』、名古屋大学出版会、二〇一〇年。

松岡洋右伝記刊行会編『松岡洋右　その人と生涯』、講談社、一九七四年。

三宅正樹『日独伊三国同盟の研究』、南窓社、一九七五年。

三宅正樹『スターリン、ヒトラーと日ソ独伊連合構想』、朝日新聞社、二〇〇七年。

三宅正樹・秦郁彦・藤村道生・義井博編『昭和史の軍部と政治』全五巻、第一法規出版、一九八三年。

三宅正樹・庄司潤一郎・石津朋之・山本文史編『検証太平洋戦争とその戦略』全三巻、中央公論新社、二〇一三年。

エドワード・ミラー著、金子宣子訳『日本経済を殲滅せよ』、新潮社、二〇一〇年。

三輪公忠『松岡洋右　その人間と外交』、中公新書、一九七一年。

三輪公忠・戸部良一編『日本の岐路と松岡外交』、南窓社、一九九三年。

三輪宗弘『太平洋戦争と石油』、日本経済評論社、二〇〇四年。

森山優『日米開戦の政治過程』、吉川弘文館、一九九八年。

森山優『日本はなぜ開戦に踏み切ったか』、新潮社、二〇一二年。

矢次一夫『昭和動乱私史』全三巻、経済往来社、一九七一―七三年。

矢次一夫『昭和人物秘録』、新紀元社、一九五四年。
矢部貞治『近衛文麿』、読売新聞社、一九七六年。
山本七平『一下級将校の見た帝国陸軍』、朝日新聞社、一九七六年。
山本智之『日本陸軍戦争終結過程の研究』、芙蓉書房出版、二〇一〇年。
山本智之『主戦か講和か　帝国陸軍の秘密終戦工作』、新潮社、二〇一三年。
義井博『日独伊三国同盟と日米関係』、南窓社、一九八七年。
吉田裕『アジア・太平洋戦争』、岩波新書、二〇〇七年。
吉田裕・森茂樹『アジア・太平洋戦争』、吉川弘文館、二〇〇七年。

川田　稔（かわだ みのる）

1947年高知県生まれ。1978年、名古屋大学大学院法学研究科博士課程単位取得退学。法学博士。専門は政治外交史、政治思想史。名古屋大学大学院教授などを経て、名古屋大学名誉教授、日本福祉大学名誉教授。著書に『木戸幸一　内大臣の太平洋戦争』（文春新書）、『昭和陸軍の軌跡』（中公新書、山本七平賞受賞）、『昭和陸軍全史』（講談社現代新書）など多数。

文春新書

1417

武《む》藤《とう》章《あきら》　昭《しよう》和《わ》陸《りく》軍《ぐん》最《さい》後《ご》の戦《せん》略《りやく》家《か》

2023年7月20日　第1刷発行

著　者　川田　稔
発行者　大松芳男
発行所　株式会社　文藝春秋

〒102-8008　東京都千代田区紀尾井町3-23
電話（03）3265-1211（代表）

印刷所　理想社
付物印刷　大日本印刷
製本所　加藤製本

定価はカバーに表示してあります。
万一、落丁・乱丁の場合は小社製作部宛お送り下さい。
送料小社負担でお取替え致します。

ISBN978-4-16-661417-2